新版 子供を動かす法則

学芸みらい教育新書 ②

向山洋一
Mukoyama Yoichi

学芸みらい社

まえがき

子供に「教育的に意味のある行動をさせる」のは、教師の大切な仕事である。

本書は、そのことの法則について書いた。

本書は全体を大きく二つに分けてある。前半は子供を動かす原理編、後半は子供を動かす実践編というように構成した。

前半は、動かす法則や技能面を事例を通して取り上げている。後半の実践編では、休み時間や全校朝会、応援団や演劇、卒業式など学校行事でも重要な全体を動かす実践を解説した。

子供を動かす法則は難しいようだが、いたって単純な原則である。

次のようにたった三つの原則を貫けばよい。

第一原則　やることを示せ

第二原則　やり方を決めろ
第三原則　最後までやり通せ
これが、子供集団を動かす際の鉄則である。

この三原則を端的にいうと、目標、方法、評価ということになる。

また、これらの原則にはそれぞれ三つの技能を設けている。

たとえば、第一原則には、①目標場面を描ける。②目標を具体的に絞り込める。③全員の子供のものにできる。といった技能が必要になる、ということである。

第二原則は、何を、誰が、何時やるのかを明確にする、ということになる。

そして第三原則である、最後までやり通すためには、進める過程で進捗状況のチェックとその評価が必要になる。さらに、問題が生じた際の処理の仕方が大切である。

本書では、この主要な三原則について、様々な観点から、実践事例を通して解説するように努めた。これらの内容を身に付けていけば、子供を動かすスキルは格段に向上する。

子供を動かす場面は、日常の教育現場では大きくいって二つ考えられる。一つは、群れとして動かす場合である。一過性の切り取ったある場面で、子供を動かす場合である。たとえば、校庭の石拾いの指示の仕方などである。もう一つは、組織として動かす場合である。これは係や当番活動などの一定の期間を必要とする場合である。

まず前者の場合、それは「最後の行動まで示してから、子供を動かせ」ということである。この主要な命題には、五つの補足を設けておいた。一つの法則だけでは、具体的にどうすればよいのか分からないこともあるだろうと思い準備した。

次に組織として動かす場合である。これは前述した三つの原則が、基本となる。

教師は子供を動かす原則・法則を身に付けるべきである。それらを身に付ければポイントだけ抑えればよいことになる。あれこれ、よけいなことまで制限しなくても済む。だから子供は自由になるのである。逆に原則・法則を身に付けていない教師の指導は我流であり、場当たり的になる。あれこれ余分なことを指示するようになる。その結果、子供は窮屈にならざるを得ない。

子供を動かす法則を身に付けてこそ、子供に自由を与えられるのである。

本書が多くの方々に読まれ、役立つことを願いつつ……。

目次

第1章

子供を動かす原理原則編

1　子供を動かす法則（群れとして動かす場合）──一つの法則と五つの補則──

（1）子供を動かす法則とは何か

青年教師の時、次のような体験をした人は多いであろう。

子供たちに写生をさせようとして校庭に連れ出す。画板や絵の具を持って、子供たちはウキウキと先生の後に従う。若い先生は子供たちに説明する。

「ここで、写生をします」

そう言ったとたん、子供たちは歓声を上げて四方八方へ散っていく。

それは生き生きとした一つの教育の場面だ。だが、それから若い先生のてんてこまいが始まる。子供たちの質問が、あれこれと個別に出てくる。

「先生、裏庭に行ってもいいですか」

「先生、グループで描いてもいいですか」

「先生、暑いので教室に入ってもいいですか」

ひとしきり、あれこれの質問に追われる。

たまに、クレームが付くこともある。同僚からだ。

「体育の授業中なので、もう少し端で描かせてくれませんか」

「教室の外で大声を上げられると授業のじゃまになるのです」

そして授業が終わる。子供たちを集めるのがまた大変なのだ。

早く終わった子はもう片付けている。「先生、休み時間にしていいんでしょ」としつこく聞いてくる。一方、まだ描き上げてない子もいる。片付けの途中の子もいる。学級全体がばらばらの状態になっている。

一応全員を集めようとして、先生は大声を出す。

「早くしなさい。みんな待ってますよ」

時には、ばらばらの状態で終了する。終わった子は休み時間にして、途中の子供に一人一人声をかけて歩くのである。

そうこうしているうちに、次の時間が始まる。だが、まだ全員が集まっていない。

教室は騒然としているのである。

こんな体験をした人は多いだろう。まず、ほとんどの人が体験していると思われる。これほどひどくなくても、これに近い例はいくらでも見られる。

これはどこがわるいのだろうか。教師はしばしば、子供の責任にする。

「子供がわるい。しつけができていない」

子供の責任にする教師は、いつまでも、技量が伸びない。伸びようがないのである。

だから、中堅、ベテランになって「子供の責任、地域の責任、家庭の責任」にする教師は技量が低い。また、そういう教師は研究もしないし、本も読まない。「他人の責任」にしていれば、勉強をする必要もない。

自分の責任として考えるから、何とかしようと思うから、研究もするし、本も読むのである。ところが、最近は教師は本を読まなくなったらしい。書店によれば、「教師は本を買わなくなった」ということらしい。

子供がばらばらになり、教室が騒然となった原因は教師にある。教師が「子供を動かす法則」を知らないからいけないのである。「子供を動かす法則」を知っていたら、こんなことにはならなかったはずである。

では「子供を動かす法則」とは何か。

それは、ただ一つである。

> 子供を動かす法則
> 最後の行動まで示してから、子供を動かせ。

子供を動かす秘訣は、これにつきる。「最後までどのようにするのか」ということが分からないから、子供は場当たり的に行動するのである。最後の行動まで示すのは、その集団の長の責任である。つまり学級では教師の責任なのである。

さて、この法則を知っただけで、ずいぶんと動かし方はうまくなる。法則は単純明快な方がいい。

が、これだけでは不安な方もいるだろう。そこで、法則を支える補則を示すことにする。

補則は全部で五つある。

> 五つの補則
> (1) 何をするのか端的に説明せよ。

(2) どれだけやるのか具体的に示せ。
(3) 終わったら何をするのか指示せよ。
(4) 質問は一通り説明してから受けよ。
(5) 個別の場面を取り上げほめよ。

これを「校庭の石拾い」「遠足の時の昼食」の二つを例に説明する。

(2) よけいなことは言わない

校庭の石を拾うことがある。高学年の子が担当することもあろう。私のいた学校では二年生のそうじの一部分になっていた。校庭に出て説明をする。この説明は端的な方がいい。あれもこれも言ってはいけない。子供は混乱する。

よくない例を示す。

「これから校庭の石を拾います。ごみなんかもあったら拾って、ごみ箱へ持っていってください。地面にもぐり込んでいる石はそのままにしておいていいです。ガラスなどを拾う時にはよく注意して、けがをしないようにしましょう。

拾った石はバケツに入れます。バケツは玄関のところにあるから誰かが取りに行ってください。そうね、田中君と吉田君にバケツ係をしてもらいましょう。終わった後は、手をよく洗います」

思いついたままをダラダラ話しているだけである。私はこういう話し方を聞いているとイライラしてくる。

子供たちも、いつのまにかおしゃべりなどをするようになってくる。それを、怒鳴って静かにさせる。しかし、それは教師がわるい。教師はやることを端的に示さなくてはいけない。

「これから校庭の石を拾います。石はこのバケツに入れます」

これだけでよい。後は何も言わなくても子供に分かる。よけいなことは言わない方がいいのだ。

次に、どれだけやるのか目安を示す。石を拾うといっても、徹底的にやるのか、とりあえず目に付くものを拾うのかでやり方は変わってくる。かける時間も変わってくる。

どれだけやるのかも、端的に示す。

「一人が三〇個拾います」

「五分間だけ拾います。五分間経ったら笛を吹きます」

これだけでも、子供はやることがはっきりする。センスのよい青年教師なら、これくらいはやるだろう。

が、これだけではだめだ。最後まで見通したことにならない。終わったらどうするのかも、前もって指示しなくてはならない。

「終わったら、今の場所に集まってすわって待っています」

「終わったら、教室に入ります」

というような指示である。

終わった時どうするかという指示がないから、活動した後、崩れるのである。

さて、ここまで言ってから質問を受ける。途中で質問を受けてはならない。途中で質問を受けると、子供たちの頭の中が混乱する。

まず、最後まで一通り説明するのである。すると、はっきりとしたイメージが描ける。

それから、質問を受ける。

一度説明したことは二度言わなくてよい。「前に説明しました」と、きっぱり言えばよい。

ここで「木の枝も拾うのですか」というような質問が出る。答えは端的に言う。「拾います」。

これだけでいい。

質疑応答はスピーディーにやっていくのである。長々と質問する子には、「短く聞きなさい」と言う。授業の場なら長々と質問する時もある。が、動作の指示に対する質問は短くさせた方がよい。

以上のことをすべて二、三分で終える。それから子供に石拾いをさせる。

終わった子が集まってくる。この一連の活動も教育の場である。やらせっぱなしはいけない。

こういう活動の時に、光って見える子供もいる。授業中とは異なる動きを見せる。それを取り上げてほめる。

「〇〇さんと△△さんは、こんなにいっぱい拾ってましたよ。先生は、すごいなあと思いました」

これくらいでいい。まじめに仕事をした、そして授業では目立たない子をほめる。

時には、仕事をしない子もいる。仕事をしない子を叱りたくなる。叱るのは、後になってからでいい。

まず、ほめることだ。子供のいいところをさがしてやることだ。こうすると、学級全体の子供が変わっていく。さぼっていた子も、さぼらなくなる。

このようにしていても、なお、さぼる子なら叱ればいい。

ところが、教師は、しばしばこれを逆にする。わるい子を叱るだけで、よい子をほめないのだ。教師はわるいところだけを見ているのである。

「評価する」とは、まず、よいところを見てあげることだ。それをほめてやることだ。ほめてほめてほめまくるくらい、よいところを見ていてやることだ。それから、わるいところを叱ればいい。

自分のよいところを見付けてくれる教師の言うことなら、子供は心から従うのである。

(3) 群れとして動かす時の法則

次に遠足での昼食の指示を考える。これは石拾いみたいにかんたんにはいかない。方法も様々ある。

同じ班の人と食べるという方法もある。全員で一カ所に集まって食べるという方法もある。好きな人と食べるという方法もある。

どれも一理ある方法だ。しかも、子供にとってはかなりの関心事だ。

これは前もって学級会で話し合い、決めておくことが必要になる。その場で指示するより、前もって納得させておく方がいい。「好きな人と食べる」という方法なら、遠足に行く前からグループづくりが見られるだろう。それ自体が大切な教育の場である。


さて遠足の日になって目的地に着いた。昼食の指示をすることになった。

まず何をするのか端的に示す。

「ここで昼食をします。この公園の中だけです」

そそっかしい子供がいて、これだけで動き出してしまうかもしれない。日ごろの指導にもよるのだが……。

そこで、次のような前おきをすることが必要かもしれない。

「話を最後まで聞きなさい。先生が笛の合図をするまで動いてはいけません」

昼食の指示を出したら、どれだけの時間に何をするのか具体的に示す。

「昼食が終わったら、帰りの仕度をしてから遊びます。次の集合は一二時三〇分です」

さて、その次に、昼食、遊びが終わったらどうするか指示する。

「一二時三〇分に集合の笛を吹きます。荷物を持ち、ごみを拾ってから、今と同じ場所に集まります」

ここまで、端的にはっきりと示す。二、三分間である。

次に質問を受ける。途中で質問を受けてはならない。一通り説明してから質問を受けるのである。

そして、解散する。一二時三〇分になり集まる。

ごみをきちんと拾った子などを手短にほめて帰校となる。ほめるのは、よほどのことがない限りその場でほめるのがよい。


以上、子供たちを群れとして動かす時の法則である。

組織として動かす時は、もう少しちがう原則を必要とする。つまり「群れ」として動かすのは、ある一場面の一過性のことである。

ところが「係」「実行委員会」など、組織として動かすのは、一定の期間の出来事なのである。

もう少し複雑になり、こみ入った技能も必要となる。

それを次項で示す。

2　子供を動かす原則（組織として動かす場合）――三つの原則と九つの技能――

（1）「注意」を与えても集団は動かない

卒業した子の母親がグチを言いに来た。当時は中学三年生になっていた。

担任の先生が嫌いになって困っているという。母親としては、担任の先生のよいところを挙げるのだが、息子はどうしてもだめなのだと言う。

その子だけではなく、クラスのほとんどの子は担任が嫌いで、登校拒否をしている子が二名もいるという。

「原因は何だと思いますか、一つだけ挙げてみてください」と、私は聞いた。

母親は即座に答えた。

「担任の先生に、一度もほめられたことがないのです」

優秀な女生徒一、二名をのぞいて、他の子は誰もほめられたことがない。個人面談があると、子供の欠点だけを言われるそうだ。

何をしても、どのようなことがあっても、ほめられたことはなく、ただただ叱られるだけの学校生活をおくると、子供たちは教師が嫌いになり、登校拒否をする子も出てくることになる。

全国的に有名な高級住宅街の公立中学校での出来事である。

その担任の先生としても、子供たちの弱点を直そうと思って叱ってばかりいたのだろう。保護者会でも欠点を示し、注意だけを与えたのだろう。

その結果、子供たちの心は完全に担任から離れ、最悪の状態になってしまった。わるいことに、その担任はこの事態に気付いていない。自分の責任を感じていない(気付いていれば、改善するはずである)。

事態は、ますます悪化している。いくら「注意」を与えても、集団を動かすことはできなかったのである。

四〇名の集団を率いるのは大変なことである。いや、五、六名程度の小集団でさえ率いるのは大変なのである。

四〇名もの集団を率いるからには、それなりのノウハウがいる。これは、かなり自覚的に努力しなければ身に付けることのできない力である。

私の見るところ四〇名もの人間を率いるノウハウを身に付けている教師は少ない。そのうえ問題なのは、「四〇名の人間を率いるにはノウハウを身に付けなければいけない」と自覚している教師が少ないということである。
たとえば、次のような話を聞いたとする。

私たちは気ごころがあっていて、とても仲がいいんです。
だから、チームワークがすごくいいんです。

この話の内容には、大きな問題がある。プロの教師なら、この話の中の不十分な点を直ちに指摘できなくてはならない。そうでなくて、どうやって四〇名もの人間を率いられるだろうか。

例に挙げたようなチームなら、チームリーダーがいなくなるとチームはすぐにガタガタになるであろう。単に仲がいいだけなのである。または、チームリーダーの力がすぐれているだけなのである。

チームワークのよさとは、目標をやりとげる仕事の分担で、それぞれの人間が十分に責任を負っているということなのである。

だから、チームワークのよいところは、ちょっとやそっとのことで崩れはしないし、組織が安定しているのである。

(2) 教師が子供集団を動かす三原則

子供の集団を動かすためには、次のことを教師はしなければならない。

これを「教師が子供集団を動かす三原則」と名付けてみる。

> (1) やることを示せ。
> (2) やり方を決めろ。
> (3) 最後までやり通せ。

集団を動かすためには、どの方向に動かすのかはっきりしていなければならない。

校庭で遊ぶのか、音楽室へ行くのか、教室で勉強するのか、はっきりしていなければ動かしようがない。広告のコピーを作るにも、本を書くにも、教材を作るにも、コンセプトが明確でなければ作りようがないのと同じである。

言うなれば目標なのであるが、これは、具体的であった方がいい。

目標に「絞り込み」をかけて、初めて現実生活に作用するのである。

たとえば、「みんなを泳げるようにする」という目標を考えてみる。これは、かなり一般的である。

では「みんな」とは、どの範囲を指すのか。心臓病の子はどうなのか、水をこわがる子はどうなのか、こういう子が「みんな」の中に入るのか入らないのかはっきりしない。

また、「泳げる」とは、どういうことなのか。水に浮かぶことができればいいのか、七メートル、バタ足ができればいいのか、それとも二五メートル泳げることなのか、はっきりしていない。

はっきりしてないことを目標にかかげているのだから、いいかげんになってくる。目標はお題目のようであって、具体化させせなければならない切迫感が生じないのである。

これを、「水に入れる子は全員二五メートルを泳げるようにする」としてみる。

今度は、かなり明確である。心臓病の子は除かれるが、水をこわがる子は含まれる。また、どれだけ泳げるようにするのかがはっきりしている。

こうなると、指導の方法も具体的にせざるを得なくなる。責任感が生じてくる。

別の例を示す。向山洋一学級経営シリーズ『先生の通知表をつけたよ――4年の学級経営』(明治図書出版)の中に、「逆上がりパーティー」の実践記録がある。

全員逆上がりができたため、パーティーをやろうということになった。しかも「盛大にパーティーをやりたい」ということになった。

しかし、これだけでは不十分である。私は子供たちに討議させた。「何をしたら、盛大なパーティーになるのか」をである。結局「家からさし入れをしてもらい、お菓子のお部屋のように自由に食事ができる場を作りあげて、盛大に遊びたい」ということになった。

子供たちは、全員その目標に向かって行動を開始した。

このように「やることを示す」ことが必要である。また、この第一原則は、とにかく「示す」だけではなく、次の三つの技能が必要となっている。

第一原則の三つの技能

(1) 目標場面を描ける(ロマンに満ちた想像力と創造力が、両方豊かな人がいい)。

(2) 目標を具体的に絞り込める。

(3) 全員の子供のものにできる(話し合いをさせる力、時にはガキ大将のようにけしかける力も必要だろう）。

このような力は、自然には身に付けられない。

やはり、本を読む教師、他人の実践を勉強する教師が技量は向上する。

教師の世界には、一カ月に三〇〇〇円の本も買わないという人がいるらしい。そういう教師が子供に示す「目標」「目あて」に注意してみるといい。「絞り込み」がきかず「漠然としている」はずである。

蛇足ながら付け加える。サラリーマンでも勉強のためには、最低年収の五パーセントほどの本代を使うべきだという。できることなら一〇パーセントは必要らしい。かつて、教師は日本の中で最も本を読む層であった。今や、下降線の一途で本を読まない層に入っているという。

（3）明確化の技能

やることを絞り込んだら「やり方を決め」なければならない。実現するまでのだんどりを決めなくてはならない。

この第二原則にも三つの技能が必要である。

第二原則の三つの技能
(1) 仕事の内容を明確にする。
(2) 誰がやるのかを明確にする。
(3) いつやるのかを明確にする。

「何を」「誰が」「いつ」やるのかを明確にさせることである。「明確化の技能」と呼んでもいい。

およそ何事かをやるためには、このようなことが必要なのである。

教室を飾る係は、どこの場所をどの程度に飾るのか、それは誰と誰が担当して、責任者は誰なのか、準備の仕事はいつまでにやって飾りつけはいつやるのか、このようなことが明確でなければ動きようがないのである。

ただ、計画をしても、子供にはやり方が分からないという事態が生じる。しばしば、生じるかもしれない。一年生には特にそうである。

こんな時、次の言葉が役に立つ。

やってみせ、言って聞かせて、させてみて、ほめてやらねば、人は動かじ

さすが山本五十六という、軍隊という集団の頂点で兵を動かした人の言葉である。

ところで「子供がやり方が分からない」時に教師はまちがえる。「やってみせて」「言って聞かせて」それでもなお「動かない時」にまちがえるのである。ほとんどの教師は、そこで怒ってしまうのである。

「怒る」「ほめる」は、やったことに対する評価である。まだ「やってない」時、怒ってもしかたがない。

そんな時は、どうするのか。もう一度「やってみせ」「言って聞かせ」るのである。つまり、やることを明確に示し、やる方法を明確に示すことをくり返すのである。これしか方法はない。

子供でなくても、相手が教師集団でも、企業でも、軍隊でも同じことである。

集団を動かす原理は、はっきりとした共通性がある。やる方法を明確にした後は、「最後までやり通す」ことが必要になる。集団のリーダーが「最後までやり通す」意志を持続しなくてはならない。教室における集団のリーダーは教師である。教師が「最後までやり

通す意志」を持続することなしに、目標が達成されることはない。

これはまた、いかなる集団にも当てはまることで、「売上げの増加」「新聞の拡販」「党員の獲得」「優勝」などの目標を達成するためには、チームリーダーの「最後までやり通す意志の持続」は不可欠の要素である。

最後までやり通すためには、三つの技能が必要となる。

> 第三原則の三つの技能
> (1) 時々、進行状況を確かめる。
> (2) 前進した仕事を取り上げ、ほめる。
> (3) 偶発の問題を即座に処理する。

最後までやり通すためには、進行状況をチェックしなければならない。そうしないと「動かない方向」へ集団は進路をとる可能性がある。

子供の組織の中に「チェックするしくみ」を作るのが一番よいが、教師が時々、取り上げることでもよい。

前進したことをほめることによって、何をやっていいのか、どのようにやるのかが一層はっきりして、全体の動きがダイナミックになるのである。

偶発の問題を長びかせると、チームの中にひびが生じる。即座に処理すべきだろう。

かくして、集団は動き、動きの中で学び育っていくのである。

(4)「最後の行動を示す」ことの意義

ここに書いてあることを、さらに具体的に述べることが必要である。それほど奥行きのある原則である。

しかし、それをすると、本一冊が必要となる。とりあえず、ポイントを示すだけにとどめたい。

実は、ある国立大学の「教育方法演習」の中で、このことについて次のような講義をした。

人間は知的な存在である。

ある状況を与えられると、それに対応した行動をするようになる。

一時間の昼食時間があれば、三〇分で弁当を食べて、二五分間遊んで、残りの五分で後片付けをしてトイレに行ってくる——というように計算するわけである。もちろん、一人一人状況がちがう。ある子は、一五分で弁当を食べて、目いっぱい遊ぼうと思うだろうし、またある子は、仲良しグループで、ゆっくりと弁当を食べたいと思うだろう。それぞれがちがって当然なのである。

しかし、どの子も、指示されたこと(たとえば、一時までに帰りの仕度をして集合する)に対応させて行動するはずである。

「最後の行動を示す」ことによって、一人一人の子供は、その時間枠を自由に使うことが許され、かつ、自分なりに工夫・対応ができるようになる。最小の制限と、なすべきことを指示するだけで、子供は自由になる。これと反対なのが、いちいち指示を示す方法である。弁当の時はその時間や場所などを指示し、食べ終わった子が質問に来るに及んで「遊んでいいですよ」と付け加え、集合時間になってまた、「集まりなさい!」と大声を上げるわけである。

子供は、自由なようでいて、実際はそうではない。コマ切れに時間が与えられただけで、満足感がわいてこないのである。自分で工夫して使うという状況にないのだから当然だ。

一方、これに近いのが、何もかも決めてしまう方法である。細かく、すべてを指示する管理過剰の方法である。これも、きちんとしているように見えて実は、能率がわるい。

結局は、ある大枠を決めて、後は当事者にまかせるのが、よりすぐれた対応となる場合が多い。

飛行機から降りる時のキャビン・アテンダントの誘導に、クレームをつけていた文章を読んだことがある。前方から降りる人、胴体部分で降りる人をあまりにも機械的に分けていることに対して、「そういうのは、乗客を信頼し自由にまかせた方がかえって能率がよい」という意見をＣＡに言ったというものである。

機内の渋滞を避けるためにＣＡはマニュアル通りにやったのだろうが、それがうまくいかないという時もあるというわけである。

これと同じように「管理のしすぎ」で能率が下がることとは、まま見られることなのである。原則は有効だが、一〇〇パーセントというわけにはいかない。やはり、「その場」「その場」で、使い方が微妙にちがってくる。この微修正できる力が、名人・達人の技量なのである。

原則を知ること、学ぶことと共に、実践の場ではそれを微修正する応用力が必要となる。

これが、実践力である。

以下の項には、具体的場面での子供を動かす方法が書かれている。

3　新卒教師の教室は、なぜ混乱するか

（1）人の動かし方

私は、ＮＨＫ「クイズ面白ゼミナール」の教科書問題の作成委員をやっていた。

会議では「勉強のできる人ができない問題」「実験をすぐできる問題」などが作られる。つまり、「面白くて」「ちょっぴりタメになる」問題が作られるのである。

問題を作るため、定例の会議があり、各自が自作の問題をもちよることになっている。

このように、集団は、達成すべき課題をもっている。そのために「しくみ」を作り「ルール」を決める。

かつての三越社長岡田茂氏は、三越という「しくみ」の中の最高の長であった。それなのに、社長として彼のした行為が、なぜ裁判にかけられるのか？

それは、彼のした行為が「営利ヲ目的トスル」企業の達成課題に違反しており、かつ「ルール」に反していたからである。

岡田三越社長は、次のような「ルール」に違反していたのである。

「取締役ハ……会社ノ為忠実ニ其ノ職務ヲ遂行スル義務ヲ負フ」（旧商法第二百五十四条ノ三）

学校には当然「目的」があり「しくみ」があり「ルール」がある。

学級にも「目的」があり「しくみ」があり「ルール」がある。

では、「目的」があり「しくみ」があり「ルール」があれば、人は動くのか？

否である。

それだけで人は動きはしない。

このようなことさえ考えないで、子供たちを動かそうとする人がいるが、うまくいくはずはない。

また、人が動くための簡単な動力源（たとえば競争）を取り入れて動かそうとする人々がいるが、このような方法では極めて低い次元の動かし方しかできないのだと知っておかないと、悲劇が生じる。

人を動かす方法に最も長《た》けている集団は何であろうか？　趣味の集団、企業、政治結社、宗教団体、スポーツ団体、労働組合、学校……、世の中にはいろいろな集団がある。それぞれが人の動かし方のノウハウをもっている。

そのような集団の中で、人を動かす方法に最も長《た》けているのは軍隊である。

軍隊では一瞬の動きのちがいが生命にかかわる。そのため、長い時間をかけて人を動かす方法が極度に凝縮されてきた。したがって、集団の中で、最も頑強な「しくみ」と「ルール」をもっているのは軍隊である。

「孫子の兵法」が現代でも読まれるのも、徳川家康がブームになるのも、そこには現代でも役に立つ教訓があるからである。

現在の日本には軍隊はない（ことになっている）。だから戦前の日本の軍隊のことを例にとる。山本五十六という司令官がいた。連合艦隊司令長官であるから、日本軍の最高の司令官である。山本五十六司令官の「人の動かし方」についての言及の中に、有名な言葉がある。

「やってみせ、言って聞かせて、させてみせて、ほめてやらねば、人は動かじ」

戦前の日本軍の最高の地位にいた人なら、人を自由に動かせたはずである。その人でさえ、①やってみせ、②言って聞かせて、③させてみて、④ほめてやらねば、人は動かないと言っているのである。

この四つのことをやらなければいけないと言っているのである。

これと比べて教師は、教室でどれだけのことをしているであろうか？

私はかつての日本軍に強い批判をもつ。軍国主義には絶対反対である。だから、山本五十六司令長官も、「すばらしい人間」として紹介しているのではない。

だが、残念ながら、教師の「子供の動かし方」は、山本五十六司令長官の主張に比べてはるかに不十分だ。

たとえば「言って聞かせ」るだけでも、できる教師は少ないだろう。ほとんどの教師は「言いっぱなし」である。または「言ったつもり」である。ひどい教師になると「指示」をして、子供ができないと「さっき先生が言ったでしょう」と怒っている。

子供がきちんとやれるまでの指示をしてこそ、それは「言って聞かせ」たことになるのである。子供がきちんとできなかったら、それは教師が「言ったつもり」になっているだけであり、非は教師にあり、自分の言い方のつたなさを、まず責めなければならないのである。

このように人の動かし方はむずかしい。

しかし「むずかしい」ということを自覚してこそ、初めて身に付けていけるのである。

『プロ野球を10倍楽しく見る方法』というベストセラーがあった。筆者は元阪神タイガース投手の江本孟紀氏である。

江本氏は「ベンチがあほやから野球がでけへん」というつぶやきが新聞に掲載され、そのことのトラブルによって引退してしまったと伝えられる。

プロ野球の球団も「試合に勝つ」ことを目的とした集団である（私はプロ野球のルールを知らないが、このようなルールが書いてあるはずである）。しかも、プロの集団である。その集団でさえ、「選手を動かす」のはかなり大変なことらしい。

私たち教師は、子供というか弱い存在を対象としている。だから、なりふりかまわずやれば、子供を動かせることもある。だが、そのような場合は、子供が傷ついていることが多い。

一方、なりふりかまわずやっても、子供が動かないということも耳にする。それは、どこがおかしかったのか、どこがいけなかったのか、次項で考えてみることにする。

（2）くいちがう教師の回答

私は東京の片隅で、京浜教育サークルという一〇人くらいの小さな研究会をやっていた。若い教師がこの研究会に顔を出すこともある。若い教師たちが共通して訴えることがある。それは、いつのまにかクラスがばらばらになってしまって、教師の指示が通用しなくなってしまっているという訴えである。新卒の女の先生の場合は、一〇〇パーセントに近い確率でこのような現象が見られる。つまり、次のようなことであるらしい。

希望に胸をふくらませて初めて教壇に立つ。子供たちは、静かにじっと先生の言うことを聞いている。とってもかわいらしく見える。

その日のうちにそばに寄ってくる子供たちが出てきて、あれこれと話しかけてくる。いろいろなことを教えてくれる。学校のこと、友人のこと、前の先生のこと、最近あった大事件のこと、次から次へと聞かせてくれる。

そういう子供たちを見ていると、教師としてやりたいことが次々とふくらんでくる。計画が次々にわいてくる。この活動的でピチピチとした子供たちの意欲を伸ばしてやりたいと思う。自分自身が小学生の時に体験してきた、形式的でつまらない方法は避けようと思う。それだけはやってはいけないことだと思う。可能性のある子供たちの力を信じて、その可能性を引き出してやることが教師の仕事であることを確信する。

かくして、子供たちとの生活が始まる。生活が始まると小さなことで子供たちが聞きにくる。

「先生、トイレに行ってもいいですか」

――ああいいよ――

「先生、外で遊んでもいいですか」

――ああ、行ってきなさい――

こんなささいなことをなぜ聞くのだろうかと思うほど、子供たちは次々に聞きに来る。

「おかわりしてもいいですか」

「体育の時間の跳び箱の準備は誰がするのですか」

「野菜を残していいですか」

次から次へと、際限なく子供たちは聞きにくる。そして、たまに小さなトラブルが生じる。

「先生、前の先生は、全員が食べ終わるまでおかわりしてはいけませんでした」

そのころは、新卒教師に対する子供たちの質問は数十にものぼっているから、先生の回答にくいちがいも生まれてくる。

ある子供には「野菜を残してよい」と答え、ある子供には「できるだけ食べてごらんなさい」と答えたりする。

一方の子供は「先生は残してよいと言った」と主張し、一方の子供は「先生は食べなさいと言った」と主張するようなことが生じてくる。あまりにもささいなことを何度も聞きにくるので「自分で考えなさい」とつきはなす時もある。それぞれの子供が考えたルールが、独立して歩き始める。教師の権威は次第に落ち始める。

学級のスタート時に見られた静けさは、少しずつ失われていき、加速度的に騒々しさが教室を支配するようになってしまうのである。

この間、わずかに二カ月ほどの出来事である。

(3)「しくみ」と「ルール」の構想を作る

これは、ほとんどの青年教師が辿る道であるらしい。宮城教育大学の横須賀薫氏は、著書の中で同じような新卒女教師の現象を述べていた。とすると、全国のかなりの所で見られる共通の現象と考えられそうである。

いったいどこがいけなかったのか、どうすればよかったのかを考えてみることにする。

集団には「目的」があり、その目的を達成するために「しくみ」があり「ルール」があると先に述べた。四月の初めは、この「しくみ」と「ルール」を作る時期なのである。どのような「しくみ」を作るのか、どのような「ルール」を作るのかは、一年間の教育の骨格ともなる大切なことである。

子供たちが次々と質問に来るのは、この「しくみ」と「ルール」がどうなっているのかを尋ねているのである。

だから、決して小さなことではない。どのような「しくみ」を作ろうか、どのような「ルール」を作ろうかと、真剣に考え構想を練らなければならないのである。

ところが、当然のことながら、新卒の教師にはこの構想がない。「子供の可能性をできる限り伸ばしたい」というスローガンがあるだけである。スローガンで現実の現象は処理できない。だが、このくらいのことなら、まだなんとかなる。構想がなくても、うまく学級を治めてしまう教師はいる。

しかし「ルール」の作用のさせ方をまちがえるとこれはとりかえしがつかなくなる。

「窓を開けていいですか」と聞きにきた子供に「開けていいですよ」と教師が言うのは、立法作用なのである。教師の判断は学級の中で、法の作用を持つ。教師とは、立法、司法、行政の権限をあわせもつ専制君主なのである。

だから、そのような時に、最低、次のことが配慮されなければならない。

Ⓐ　今までの「ルール」とちがってないか。

前担任の時は、日直が開けるということであったかもしれない。あるいは、初めに来た人が窓を開けることになっていて、現在はそのルールが作用していないのかもしれない。または、その学校は公害地区で窓は開けないのかもしれない。
いずれにせよ、一つのルールを判断する時は、今まではどうであったかをふまえなければならない。

Ⓑ　教師の判断（ルール）の意味が語られているか。

窓を開けるというようなことでも、教室内の空気を入れ換えるために必要であるというような意味が語られなければならない。そうすることによってルールは子供たちの中で作用し、守られていくのである。

Ⓒ　学級内の全員に伝えられたか。

教師が判断するということは、一つのルールを作ることである。とするならば、わずらわしいことではあるが、いちいち全員に伝えなくてはならない。全員に伝えられてこそルールとして作用するのである。

この中で、新卒教師が最も陥りやすいまちがいはⒸである。

つまり、次々に聞きにくる子供たちに、その子供たちだけに返事をすることをくり返すのである。個々に対応しているのである。こうすると、無数のルールがクラスの中に横行することになる。教師も人間だから、時として前に言ったこととちがうことを言うことも起こる。そうすると、聞いた子供同士でトラブルが生じる。

ここですでに、教師の権威は落ち始める。そのトラブルの当事者は、どちらも自分の正当性を主張する。何といっても、どちらの子供も教師から聞いたことなのである。教師はどちらの方を味方しても、片方の信頼を失う。

また、「先生がわるかった」と言っても、やはりかすかながら信用を失う。こんなことが、三度、四度と続けば、教師の指示は軽視されるようになり、教室は混乱の度を濃くしていく。

「給食の野菜を残してもいいですか」というような、小さな質問を受けた時でも、決してその子供だけに返事をしてはいけない。全員がいる時に、全員にきちんと言って聞かせなくてはいけない。

その時「全部食べなさい」と言うか、「先生が許可したものだけ残してもよい」と言うか、「残してもよい」と言うかは、この際、たいした問題ではない。それぞれの結論には、それぞれの考えがあり得る。

大切なのは、そのような判断を、クラスの全員に知らせなくてはならないということである。また、できることなら、そう判断する根拠をかんたんに述べてやることである。

くり返す。

教師の判断・指示は一つの立法作用である。だから、次の二点が厳守されなければならない。

●教師の判断は全員に示せ。
●判断の根拠を説明せよ。

(4) ほめることで子供を動かす

「言って聞かせる」程度のことを実行するだけでも、なかなか大変である。

まして「やってみせて」「させてみて」「ほめてあげる」ということは、口で言うほどかんたんなことではない。

たとえば「ほめてあげる」ことを取り出してみる。

人は「ほめられれば」動く。しかし反対に「叱られても」動くのである。

そこで、教室のあれこれを考えてみる。

教師は「ほめることによって」子供を動かしているか？　それとも、教師は「叱ることによって」子供を動かしているか？　あなたはいかがであろうか？　あなたの学校の同僚はいかがであろうか？　おそらく「叱ることによって、子供を動かす」という人がほとんどなのではないか？

ほめることによって子供を動かせる教師はなかなかいないものである。

ほめることによって子供を動かせる教師は、技量の高い教師である。だめな教師ほど、叱ることによって動かそうとし、子供の名前を呼び捨てにする。

私が出会った教師の中で、私がすばらしいと思った教師は、例外なく、ほめることの上手な教師であった。そしてまた、決して、子供の名前を呼び捨てにするようなことはなかった。教師と子供の関係が良質な品位で保たれていた。

もちろん、「ほめる」とは、何から何までほめることではない。ほめるに値するものを見つける目も必要とする。また、子供のすばらしい行為をすばらしいと思う感性も必要とする。そうでないと、口先だけの「ほめ言葉」になってしまう。

「叱ることによって子供を動かす」のか「ほめることによって子供を動かす」のかを見るだけでも、そこには、教育の格のちがいが見えるのである。

このような子供の動かし方は、実は「教師を動かす」ことにおいても同じである。

すぐれた「教育研究」を残すのなら、これは「鋭い批判の文」で貫かれなければならない。あるいは「批判の文」ではなくても「主張の文」が、現在までの通説に対する批判になっていなければならない。が、そのような「鋭い批判」や「主張の文」は、常に異端であるから、少数派である宿命にある。

同様に、すぐれた「教育実践」を残すのなら、「ほめることによって教師を動かす」ことができなければならない。

むろん、何もかもほめろと言うのではなく、「わるいものは絶対にほめない、しかし、よいものはきちんとほめる」ということが必要になる。「よいものをほめる」ことによってわるい点もなくなっていくことが必要なのである。

たとえば、ここに五冊の教育雑誌があったとする。「売れている雑誌」もあり「売れない雑誌」もあるとする。

そんな時、どうしたらいいのか？　「売れない雑誌を批判的に検討して原因をさがし、欠点を直していく」という方法が考えられる。多くの人はこうした方法をとる。多くの研究者も多分このような立場をとるだろう。しかし、この方法では、絶対に失敗する。

私は絶対にこのような方法をとらない。

「よいものを伸ばす」「出る杭をさらに出させる」という方法をとるのである。これは商店の、コンサルタントなどにしても、絶対成果の上がる方法なのだ。

あらゆる実践の場では「よいものを伸ばす」ということこそ、鉄則なのである。

「教育技術法則化論文への注文」を特集した雑誌があった。ここに執筆していた研究者の方々の論稿を「叱ることによって伸ばす」のか「ほめることによって伸ばす」のかに分類するとよく分かる。

「教師を伸ばす」ことができる研究者かどうかが判定できると思う。むろん、「べたぼめ」のような「実践」と「理論」の緊張感を欠いた「ほめ言葉」は、論外である。しかし、高い「志」をもち、多くの「苦難」を越えて小さな一歩を踏み出した者には、正当な評価が与えられるべきであろう。

ある意味で「批判」「注文」はかんたんである。私の実感で言えば「実践の一〇〇倍くらいかんたん」である。

しかし、「本当によいものをよい」と認めるのは、それほどかんたんではない。

「小さな一歩」がどれほどのものか分かっていない人には、ほめられないからである。

経営コンサルタントの神様と言われた船井幸雄氏は『修羅場の視点』で次のように書く。

最近、経営コンサルタントの卵として採用した若い社員が、おしなべて批判型であることを発見した。

店をみて感想を述べさせると、すぐ欠点の指摘をする。批判をする。

批判や欠点の指摘は不要だ。長所を見付けろと二、三回注意したのだが、やはり批判が先に出てくる。

いま私は彼らを徹底的に叩きなおそうと決心しているので、たぶん、半年ぐらい後には、このような欠点指摘や批判型社員は、私どもの会社にいなくなると思うが(?)……気になる現象である。

教師にとっても同じである。子供を見て、欠点指摘や批判をするのはやさしい。しかし、それでは子供は育たない。

「長所を見付けろ!」という船井氏の意見は、教育界でも同じなのである。

4　「いじめ」の構造を、まず破壊せよ！

(1) 見えない教師たち

かつての特別少年院（現在の第二種少年院に相当）といえば、手に負えない子を集めたきわめて厳しい所だが、そこの院長が次のように言ったという。

「ここに入って来る子供たちの原因はいろいろある。しかし、どの子にも共通していることが三つある。

第一は、小さい時から今までほめられた経験がないことである。

第二は、小さい時から今まで何かをやりとげたという達成感を抱かなかったことである。

第三は、大人に対する根強い不信である」

この「三大共通項」の責任は、誰が負うべきなのであろうか？

小さい時から一七、八歳まで一度もほめられたことのない人生を与えてしまった責任を誰が負うべきなのだろうか？　もちろん親の責任、家庭の責任もあろう。もしかしたら本人の責任も大きいかもしれない。何をやらせてもだめで、ひねくれていて、かわいげの全くない子供がいることは私も知っている。他の子供を傷つけておきながら、謝罪をしないどころか、反対に怒鳴り込んでくる親がいることを、私も知っている。

だが、それにしてもである。

六歳で小学校に入学して、一五歳で中学校を卒業するまで、学校生活の中で一度としてほめられたことはない、一度としてがんばったという経験をしたことはないという子供に対する教師としての責任は免れられるのだろうか？

もちろん私も教師の一人である。責任を負うべき一人である。

どれほどほめようのない、かわいげのない、何をやらせてもだめな子供であったとしても、私たちがその子の師としてその子の前に立ち、何がしかの教育をしているのであれば、一年間生活していて一つもほめることがなかった、一つも達成感を与えられなかったということがあり得るだろうか？　いや、そんなことが、許されるだろうか？

ところが、特別少年院に入って来た子供たちは、どの子も例外なく、小学校六年間、中学校三年間の生活の中で、一度もなかったというのである。

これは残酷なことではないか。

これはあまりにひどいことではないか。

教師は教師の名において、そのような残酷なことを平然と、何の痛みもなくくり返しているのである。

これは、例外的なことではない。先日訪れた、非行少女を預るある学園でも同じことを言われた。

そこの次長は、次のように私たちに訴えたのである。

「小学校時代から友達にいじめられ、先生に見捨てられていた子供たちが、ある時いじめる側に変わっていくのです。ここにいる子は、みんな、友達にいじめられ、見捨てられていた子供たちなのです。

どうか先生方、このことをお考えになって、一人一人に手をさしのべていただきたいのです」

一年間教師として子供の前に立ちながら、一度もほめることのできない教師、一度も達成感を与えられない教師……これは許されることではない。

まして、子供たちの集団によるいじめが存在しているのに、それをそのまま放置することは許されることではない。

だが、現実は、そのようなクラスが数多いのである。教師が知らないだけである。教師に見えないだけである。

教師とは、あまり子供を見ていないものなのだという体験をこれまで何回か味わった。

私の隣家に妹夫婦がいた。当時長男は小学校の一年生である。担任は学年主任のベテランの女の先生であった。

そのころ見せてもらった通知表に少し首をかしげたものだ。体育の評価が五つぐらいに分かれ、そのうちの一つに水泳があった。「水をこわがらないか」というような評価項目である。これがBであった。一学期もB、二学期もBであった。私は他の教科のことは分からないが、これだけはまちがいであると断言できる。

甥は三歳からスイミングスクールに行っていた。そして、小学校入学前には、選手養成コースの直前まで行っていた。クロール、平泳ぎ、背泳、バタフライの一〇〇メートル個人メドレーが泳げるようになっていたのである。

多分、この年齢の子供としては最高に近い技能であろう。選手養成コース直前といえば、多くの学校から集まってくるスイミングスクールの中でも、この年齢では最高のクラスなのである。

一〇〇メートルの個人メドレーができる子供が、どうして「水をこわがらないか」という程度の評価でBになるのか？　これは担任の先生が、いいかげんに付けたということである。

これが「体育……B」というような評定の仕方なら、他にできない種目があったということもできよう。しかし、「水泳……B」という評定の仕方では、それは考えられない。

妹に「先生に言ってみたら」と言ったら、「Aであろうと Bであろうと泳げることに変わりはないし、先生もたくさんの子を見ているから大変なんでしょう」とのことだった。

教師とは、子供のことを見ていないものなのである。見落としているものなのである。もちろん私もそうである。ただ、「見落としている」はずだからそれを改めようとしている教師と、「私は見落としていない」と思い込んでいる教師とでは、大きな差が生まれてくる。

悲劇なのは「子供たちについて多くのことを見落としている教師」ほど、「自分は見落としていない教師である」と思い込み、自ら省みることがないことである。

(2) いやらしい社会構造を壊す

教師が見落としがちなものに、「子供の世界の社会構造」がある。

子供たちは、集団になれば一つの社会構造を作る。

通例、弱肉強食の世界である。強い者が君臨する社会である。強い者とは、勉強のできる子であったり、スポーツの上手な子であったり、腕力の強い子であったりする。

この弱肉強食の社会構造は、子供たちにとっては絶対である。永遠に続くと思えるほど頑固で強固な構造をなしている。

この弱肉強食の社会構造は、技量の低い教師の教室ほど強固に作られる。「いじめ」はこの弱肉強食の社会構造がもたらす必然的な作用なのである。

教師に対する反抗も、授業の乱れも、いじめも、「弱肉強食の社会構造」を基盤として発生してくる。子供たちは「弱肉強食の社会構造」の中で荒れていくのである。

学級経営をするに当たっては、「弱肉強食の社会構造」をまず破壊しなければならない。

「弱肉強食の社会構造」の中では、弱者は永遠に弱者であり、それを越えるには絶望的なほどの差を感じるのである。

「弱肉強食の社会構造」を破壊できるのは、学級担任だけなのである。教師だけなのである。

「弱肉強食の社会構造」を誰かが破壊してくれることを、子供たちは夢物語のように望んでいるのである。

しかし、多くの場合、教師は「弱肉強食の社会構造」にさえ気が付かない。かなり気が付く教師でさえ、そこにある現象の一端を知っているにすぎない。ましてや、「弱肉強食の社会構造」を破壊すべきなのだ、それは教師にだけできることなのだと、自覚している人は少ない。

私が学級担任をしてまず第一にやったことは、この子供たちが作り上げているいやらしい社会構造を壊すことであった。

ある新年度、子供たちと初対面であった。出欠をとった時、一人の子を明らかに差別していることが子供たちの様子から見て取れた。そんな子供たちに三つの話をした。科学、芸術は失敗の連続の中から作られたこと、どの人間も可能性のあること、そして教室とはまちがいをするためにこそある、ということをである。

次の時間に班長決めをした。多くの子供は選挙の方法がよいと主張したが、私はジャンケンで決めさせた。選挙ではどうしてもなれない子が出るからだ。私は、誰もが班長はできるんだよと呼びかけた。

結局、どの子も、クラス全員一人残らず立候補したのであった。あの差別されていた子も、恥ずかしそうにしながらも立候補したのである。

子供たちの弱肉強食の社会構造は、教師のみが破壊できるのである。

そのためには、弱肉強食の現象を見逃さずにはっきりと明確に否定することである。

そして、それに代わる権威（権力ではない）を打ち立てることである。

もちろん、これだけでは不十分である。しかし、この二つをまず初めにやることだけでも、教室の空気は一変するのである。

（３）いじめは一〇〇パーセント教師の責任

教育技術は、原則と応用の部分で成り立っているから、機械的に真似てもうまくはいかない。参考のために、もう一例述べる。当時担任していた子供たちとの出会いである。

四年生を担任した二日目、「友人のよいところ」をカードに書かせた。よくないところは書かせないで、よいところだけを書かせた。

子供とは優しいものである。「何枚書いてもいい」と言ったら、クラス全員のよいところが出た。友人から見たよいところのカードをそれぞれの子供に渡してノートに貼らせた。

その中に気になることがあった。あるおとなしそうな無口に近い子が、「私がいじめられた時助けてくれた」ということを長い文章で書いていたのである。文章に熱があり、説得力があった。

なぜこれほど熱心に、助けられた嬉しさを書いているのか？　考えられることは、それだけ激しい「いじめ」が存在していたということである。

だから私は子供たちに聞いた。「はげしくいじめられたことのある人、手を挙げなさい」、女の子が数人、おずおずと手を動かした。私は「みんなは知っていましたか」と聞いた。男の子が全員「ハァーイ」と手を挙げた。

女の子の手の挙げ方に、「いじめ」の組織性を感じた。

私は次のように子供たちに言った。

「いじめられた人がいるということは、いじめた人がいるということです。いじめた人が誰かは聞きません。また知りたくもありません。私は三年の時にわるいことをしたと思ったら日記に書いていらっしゃい。それで三年までのことは全部終わりにしましょう。先生と新しい生活を作っていきましょう」

このような時、私はグチュグチュとした説教をしたことがない。かなり断定的に自分の意見を述べる。

そして、私はさらに口調を厳しくして次のように言った。

「しかし、これからそのようなことがあったら、絶対に先生は許しませんよ。先生は教育のプロです。先生にかくれてこっそりやったとしても必ず見付けます」

子供たちは背筋をピーンとして聞いていた。

いじめられていた女の子Oは転入生だった。祖母の手で育てられている。きわめておとなしく友人の呼びかけにも応答しなかった。というより無反応であった。

次の日、一人の子が私に答えた。

「私はOさんをいじめてしまいました。すみません。本当にすみません。いじめた理由は、Oさんがしゃべらなかったからです。みんなで、ほっぺをたたいたり、髪の毛を引っ張ったりしました。……」

いじめていたのは、クラスの中の優秀で活発な女の子の集団だった。優秀で活発な女の子の集団なら、他の子もそれについていく。つまり、大半の女の子が、「いじめる側」に立っていた。

私はこれを学級通信に載せた。親たちの反応も大きかった。みんな知っていて、心を痛めていた。

どうして今まで、解決されなかったのか。それは、いじめる女の子たちの間で、「いじめないと仲間はずれにするわよ」という申し合わせがされていたからである。

つまり、自分たちで自分たちを縛り合っていたのである。これを、子供たちに話し合わせて解決させるという指導法もあろう。しかし、まず初めに、教師が「弱肉強食の社会構造」を破壊すべきなのである。その後も、再びこうした問題は起きよう。その時に子供たちの手にゆだねることはあり得る。しかし、教師がまずこれを破壊せず、したがって「弱肉強食の社会構造」が温存されたままの中では、子供たちの話し合いはきれいごとに終わるのがオチなのである。

いじめられる方もかわいそうだが、いじめている方だってかわいそうなのである。こうしたいじめは、小学校の場合、一〇〇パーセント近く教師の責任であると私は思う。

三時間目は理科の授業で、ほとんど討論の形で授業は進んだのだが、その時、かのいじめられていた無口な女の子は、初めて大勢の人の前で自説を主張した。それも、わずか三名の少数意見の一人としてである。

一九八〇年代から、全国的に「いじめ」の問題が猛威をふるった。「いじめ」によって、自殺する子供さえ生まれた。

「いじめ」「自殺」が発生した時、「学校側見解」に、共通した現象が見られた。つまり「知らなかった」というものである。

たくさんの子供を預かるのだから「知らない」ということもあるだろう。問題が発生するまでは、教師は「うちのクラスは大丈夫だ」と思っているものなのである。毎日、子供と接しているから、分かっていると思うらしい。

しかし、これは錯覚である。毎日、接していても、「いじめ」「差別のしくみ」は、見えてこないのだ。

「休み時間、誰と遊びましたか」という「一人ぼっちの子の調査」や、ソシオメトリックテストなどをすることによって、初めて見えてくるのである。私は毎日接しているから大丈夫というのは、教師の思い上がりである。毎日接していても、絶対に分からない。私の実感で言えば、日常的なごく当たりまえのことの一五パーセントぐらいしか分からないと思う。

教師は「いじめられている子」「一人ぼっちの子」を「見つける努力」を、具体的にすべきだ。きちんとした方法を使って、つかむべきだ。それが教師の仕事なのである

5 「プロの目」は、修業によって培かわれる

(1) 相手を理解する方法もまた技術である

小学校に入学したころの子供たちは何から何までピカピカである。同じ服を着て、新しいノート・教科書を机上に載せている。

だが、何から何まで同じ物を揃えた子供たちでもちがうところがある。技量のある教師はそこを見て、どのくらいの子供かと推定する。

授業中に、新入生の何を見たら子供たちの個性を推定できるのか？

小学校に入って来たばかりの、顔さえ知らない子供たちの何を見るのか？　何から何までピカピカの、同じ物を揃えた子供たちの何を見たらいいのか？

こんな単純な問いでも、教師の技量を推定することができる。力ある教師は、やはり見るところは見ている。自信のある方は、次を読む前にお考えいただきたい。

何から何までピカピカの子供たちの持ち物の中に、かすかながら個性が出る物がある。筆箱である。筆箱の中身である。地味な消しゴムを持っている子とおもちゃみたいな消しゴムを持っている子では、やはり個性にちがいがある。鉛筆もしかりである。

筆箱は表情をもっているのである。

技量のある教師は、その表情を見逃しはしない。

だが、筆箱の表情を、見逃している人は多い。別の表現をすれば、子供からのメッセージを、子供の中の情報を、受け取れない人は多い。子供からのメッセージ、子供の中の情報に鈍感な教師が、子供を動かせるわけがない。そういう教師に限って、うまい手だけを求める。

フランスの科学的犯罪捜査を教える学校の教室には、次の文が掲げられているという。

> 眼は、それが探し求めているもの以外は見ることができない。
> 探し求めているものは、もともと心の中にあったものでしかない。
>
> 『近代科学を超えて』村上陽一郎

「あれども見えず」の状態は、教師の世界の中に充満している。

いかなる分野であろうとも、対象を細かく分析して見ることができるのは、プロの基本的条件なのである。

熱が三九度あるということだけでも医師は、素人より多くの分析を加えるであろう。野菜の葉の色だけを見て農民は、素人より多くのことを考えられるだろう。土俵の上のあっという間の勝負でさえ、解説者は細かい分析を加えることができる。

だが、教師には素人のようなぼやっとした見方をしている人が多い。誰でも言えるような一般論を言っている人が多い。

教師にとっても、対象を細かく分析できるということは、それなりの修業の日々が必要なのである。私はあえて修業という。のんべんだらりとした教師生活の日々をおくっていては、決して身に付けることはできないのである。

私の場合は、大学卒業後、三年生の担任となった時、子供たちが帰った後、その日の出来事を思い出すために、座席ごとに子供の顔を思い浮かべつつ、名前を言ってみた。すると、途中何度もつかえた。子供の名前がすっと出てこないのである。顔と名前とが、すぐ思い出せるまでに一週間かかった。

次に、座席を見ながら子供と話したことを思い出そうとした。印象的なことはすぐに思い浮かんだが、日常的な内容はなかなか出てこなかった。来る日も来る日も、子供の帰った机を見ながら、その日の会話を思い出す作業を続けた結果、少しずつ思い出せるようになっていった。

時間はかかったものの、こうして私は子供が持っている情報をつかむことができるようになったのである。

くどくど書くのが恥ずかしいぐらい、何ということもないことであるが、この程度さえやっていない教師が多い。

子供を動かすのは、独立した単独の技術ではない。技術を支えるための、相手に対する深い理解が必要なのである。植物や動物でさえ、そうなのである。まして、感性の鋭い人間を動かすのである。相手に対する深い理解があってありすぎることはない。

相手を理解しようとする意欲は、人柄の問題や人格の問題と関係するが、相手を理解する方法となると人柄や人格とは別のこととなる。相手を理解する方法もまた技術だからである。しかも、この技術は習得するのに年数がかかる高度な技術なのである。

医師は医師の技術を使いこなすことで、患者を理解する。医師が医師として相手を理解するとは、医師の仕事の専門性において理解することなのである。医師の技術の習得には一定の時間がかかる。当たり前のことである。

教師が子供を理解しようとするのも、教師の仕事の専門性において理解するのである。だから、理解できる技術を習得するまでには当然時間がかかる。ところが、「子供を理解しよう」という意欲さえあれば、それですぐ理解できると思っている教師がほとんどなのである。「理解しようという意欲」が「理解するための方法」へ直結していると思っているのである。いや、「意欲」と「方法」のちがいさえ意識していないのである。

これでは、子供を理解できるわけがない。したがって、十分な動かし方ができるわけがない。

(2) 指がかすかに動く

「子供の見え方」の例を示す。

「ブリキの勲章」という映画があった。原作は、私と共に『特別活動研究』誌で連載を担当されていた能重真作氏である。

その中に、担任の先生(中村嘉葎雄)が非行少年とラーメンを食べるシーンがあった。

私は映画を見ていて、そのシーンに強い違和感を覚えた。理由はすぐに分かった。箸の使い方がおかしいのである。非行少年が、作法通りの正しい使い方をしていて、担任の先生が、少しおかしな使い方(中指が箸の間にかかっていない)をしているのである。こんなことは、まずあり得ない。この逆なら話は分かる。

能重氏がこの映画を監修されたかどうか不明だが、私が監督者ならこの場面は修正していた。箸の持ち方など、どうでもいいと思われるかもしれない。しかし、非行少年を見ていく上では、大切なことの一つなのである。非行化の要因はいろいろとある。おそらくいくつもの要因が複合した構造的なものだと私は思っている。

その要因の一つに、家庭の教育力の低下がある。さらに、家庭の教育力の低下の原因を挙げてみてもいろいろあって一口では言えない。たとえば、兄弟の数が減少したこともそうだろうし、核家族化したのもそうだろうし、父親が不在がちになったのもそうだろう。

家庭の教育力の低下はいろいろな現象として表面化する。その一つが、箸の持ち方なのである。箸を作法通りに持たせるためには、かなり長い時間の教育を必要とする。習熟するまでに時間がかかるのである。家庭に教育力があれば、それも可能だろう。だが、家庭の教育力が低下している場合、ほとんどと言っていいくらい箸の持ち方は教えられていないのである。

誤解のないように言っておくが、箸の持ち方が正しくなければだめだと言っているのではない。箸の持ち方が作法通りでなくても、立派な人はいくらでもいる。しかし、札付きの非行少年は、まずほとんどは、箸の持ち方が正しくできないということなのである。

『教育は死なず』の若林繁太氏は、さすがにそこらへんは見逃がさないで、寮で札付きの非行少年を前に、箸で豆をつまんでみせたところ「見ろ！　先生がサーカスをやっているぞ」という反応があったエピソードを語っている。箸の持ち方も教育の中に位置付けていったという。

だから、箸の持ち方は、非行問題を語る時の一つのメルクマール（指標）である。少なくとも私にはそうである。そのため私は、映画の何ということのない一場面に違和感を覚えたのだし、その原因が箸の持ち方にあることを発見したのである。私が教師でなかったら、この場面は見のがしていただろう。何と言っても、非行問題を素材とされた、映画監督でさえ見逃したのだから……。

もう一つ別の例を示す。ある年の夏のことである。水泳の授業の時であった。

私は体育館の壇上から準備運動を指導していた。およそ一二〇名の子供たちである。そのうち二〇名ほどの子供たちが見学していた。

三クラスの子供たちが体操隊形に広がって、私の指示に従っていた。見学する子は、左側の壁ぞいにしゃがんでいた。体育館の中は暑かった。

準備運動をしながら、左の方に目をやった時にかすめた動きで気になることがあった。

私の位置から三〇メートル近く離れた地点の動きである。私は運動する子を見ていたから、ほんの一瞬、目をかすめただけである。だが気になったのである。女の子だった。

その子は、足を伸ばして壁に寄りかかってしゃがんでいたが、深呼吸をしたのである。

いや深呼吸ではあるが少し動き方がちがうのである。だから私の目が捉えたのである。

そっと静かに、大きく息を吸い込んでいたのである。

左の方で目をかすめたこととは、このようなことだった。一秒の何分の一かの出来事である。

私は壇を降りて、その子のそばへかけ寄り、風通しのよい所へ移動させた。そして、次のように言った。

「発作は、今朝あったのですか?」

その子は、少しニコッとして「はい」と答え、「でも大丈夫です」と返事をした。

ぜん息だったのである。

これが、私の教師生活の中で、最も子供が見えた瞬間の出来事である。一〇〇名あまりの子供に、水泳の準備運動を指導しながら、二〇名あまりの見学者の中の女の子のかすかな動きを捉えたというものである。

これが、どの程度のものか私は分からない。こんなのは、当然だと言われる方もおられよう。そうであれば、自分の未熟さを責めるほかはない。ただ、子供たちはびっくりしていた。当の子供もびっくりしていた。当然ながら私への信頼は、幾分か加算されることになった。

かつて、斎藤喜博氏が、「授業中に意見を言いたい子が分かる」と言ったことがある。これは本当なのである。私も見付けられる。

そのような時、指がかすかに動くのである。だから、授業をしながら、かすかに動く指を見つけられる教師であれば、意見が言いたくなった子供を逃すことはない。

ただそのためには、私がやったような教師修業を自分に課さなくてはだめだと思う。修業せずに四五分間の授業の場面を頭の中に映像として残せるようなことは、よほどの天才でなければ無理である。

もちろん私は、ただの鈍才にしかすぎない。だから、教師修業の日々が必要だったのである。

(3)プロの教師とアマの教師の識別

私は、プロの教師とアマの教師を次のことで識別する。

次の三つのことの中で一つでも当てはまれば、小学校教師としてはアマチュアの教師である。

(1) 二年生以上のクラスで開脚跳びが跳べない子が二名以上いる(ただし、この二名とは障害児を含む)。
(2) 研究授業を一回もやらない年がある。
(3) 忘れ物の表を貼ったり、ほめるためのシールを与える。

子供の動かし方などという高度な内容を考えていく前に、一度このような基本的ことがらについて言及しておくことにする。

私は跳び箱が跳べない子を一五分以内で跳ばせることができる。今までに数百名の跳べない子を跳ばせたが、跳べるまでにかかった時間は、一人およそ一分である。多くの先生方が跳ばせることができなかった子供を私は、一分ぐらいで跳ばせることができたのである。

私だけではない。何百人もの教師が、「向山式指導法」で二〇〇〇名を超える跳べない子供を跳ばせた。これは誰でもできる、きわめてかんたんな技術である。こんなかんたんな技術さえ身に付けていない教師をプロとは考えられない。

さて、教師の仕事の中心は授業である。魅力ある、子供を引き付ける知的な授業をするのがプロの仕事である。もちろん、すぐにはうまくならない。

研究の場が必要である。その一つが研究授業である。それを年に一回もやらないというのであれば、アマチュアと考えるほかはない。

私と同学年を担当していた桐谷シロハ先生はその後、退職された。私が見ていて名人クラスと思うほどどすばらしい授業をされていた。この先生は毎年必ず研究授業をされた。最後の研究授業はその年の退職の直前であった。研究授業に淡々と取り組まれる姿勢に接して、私はプロのすごさを感じた。

アマチュア教師と認定する三番目は、忘れ物表とシールである。

子供をそのようなもので動かしてはいけないのである。忘れ物表はムチであり、シールはアメなのだが、どちらも同じである。

子供の知性、教養、人格に依拠して教育をしていないからである。

私は今までに多くのすぐれた教師に出会った。そういう教師の中に、一人として「忘れ物表」「シール」などで子供を動かした教師はいなかった。多分、そういう教師は人格の最も深い所で、こうした方法を拒否していたのだと思う。

子供の知的成長を促し、人格を豊かにする方向でこそ、子供を動かすべきなのである。

最後にプロの条件として大切なことを一つ加えておきたい。それは細分化できる技量である。

Ⓐ「小さなことを見つけることができる」、Ⓑ「小さなことの説明ができる」、Ⓒ「一つの行為をいくつもの小さな部分に分けることができる」ということは、プロの大切な条件である。

チョークは「太い方から書き出すのか、細い方から書き出すのか、どちらでもいいのか、それはなぜか」などということもその一つである。

黒板を消す時は、「横に消すのか、縦に消すのか、どうでもいいのか、それはなぜか」などというのもその一つである。

プロなら、このようなことを説明できるわけである。アマチュアは、大ざっぱに捉えているわけである。

プロ野球の投手は（捕手も）、一試合投げた球をすべて覚えているという。

プロの棋士は、自分の指したすべての勝負はもとより、江戸時代以来の有名な勝負はすべて並べることができるという。このように、細分化するのはプロの腕だし、そうすることによって指導も可能となるのである。

6　存在感が実感できてこそ子供は動く

（1）教育における「跳ね返り」の例

『人を動かす』（創元社）という、D・カーネギーの古典的名著がある。

世界中で一五〇〇万部も発行されているベストセラーで、かつ約八〇年のロングセラーである。

日本では昭一二年に第一版第一刷が出て、昭和五七年で、何と一六九刷となった。五七年一二月に第二版が出て、今でも読まれ続けている。

しかし、教師の世界ではこの本を読んだ人は少ないのではないかと思う。この本は自己啓発書のコーナーにあって、企業人に読まれている本だからである。

世界中で半世紀以上もの間読まれ続け、日本でも毎年のように増刷されているということは、そこに書かれていることが、説得力に富んでいるということを物語る。

「人を動かす」方法として、普遍的内容、つまり古今東西にわたって広く応用できることが書かれていることを物語る。

では、どのようなことが書かれているのか。カーネギーは、多くの人の言葉を引用して説明する。

> おれは働き盛りの大半を、世のため人のためにつくしてきた。ところが、どうだ――おれの得たものは、冷たい世間の批難と、お尋ね者の烙印だけだ。

自分は「世のため人のためにつくしてきた」と、考えているこの人間は誰であろうか？ 全米をふるえあがらせた暗黒街の帝王アル・カポネである。シンシン刑務所長から聞いた話をカーネギーは書いている。

> およそ受刑者で自分自身のことを悪い人だと考えているものは、ほとんどいないそうだ。自分は一般の善良な市民と少しも変わらないと思っており、あくまで自分の行為は正しいと信じている。

さすがに、ロングセラーの著者である。人間の行為の正当化を深く鋭く表現している。この言葉をパロディ仕立てに教師に当てはめてもよいだろう。上へばかり目を向けている平目の教師でもよい。新聞紙上で批難ごうごうだった全生研（全国生活指導研究協議会）の教師でもよい。または、私のようなデクノボーでもよい。新卒の未熟な教師でもよい。次の言葉は当てはまるだろう。

> およそ教師で、自分自身の教育を悪いと考えている者はほとんどいない。自分は多くの熱心で善良な教師と少しも変わらないと思っており、あくまで自分の教育は正しいと信じている。

アメリカのルーズベルト大統領と後継者タフト大統領の仲たがいのため、次の選挙では、わずか二州でしか支持されなかったタフト大統領が、自分の政策上の立場について「どう考えてみても、ああする以外に、方法はなかった」とくり返し言っていたことも紹介する。

このように、「人間は、批判や批難では、本当のところは動かすことができない」ということを、カーネギーは、まず述べるのである。

これを、人を動かす三原則の第一にもってきている。

逆に言えば、「批判によって人を動かすことができる」と錯覚している人が多くいることを物語る。

だが、このように錯覚している以上、世の中での成功はおぼつかなく、人を動かすことはできないことを、カーネギーは、多くの事例で説得する。

そして、人を動かす三原則のうちの第二として、次のように書く。

> 人を動かす秘訣は、この世に、ただひとつしかない。この事実に気づいている人は、はなはだ少ないように思われる。しかし、人を動かす秘訣は、まちがいなく、ひとつしかないのである。すなわち、みずから動きたくなる気持を起させること――これが、秘訣だ。
> かさねていうが、これ以外に秘訣はない。

これしかないと言い切るのである。「みずから動きたくなる気持」が大切なのである。

それ以外の方法による動かし方は好ましくない、と次のように断定する。

> もちろん、相手の胸にピストルを突きつけて、腕時計を差し出したくなる気持を

起させることはできる。従業員を首きりでおどして、協力させることもできる――少なくとも、監視の目を向けているあいだだけは。鞭《むち》やおどしことばで子供を好きなように動かすこともできる。しかし、こういうお粗末な方法には、常にこのましくないはねかえりがつきものだ。

「お粗末な方法には、常にこのましくないはねかえりがつきものだ」と言う。

教育における「はね返り」の例を私が示そう。

『現代教育科学』一九八一年七月号で、「班づくり・班競争」について川上信夫氏は次のように言う。

ここに、北海道では、かなり有名な「集団づくり」の実践をすすめてきたK中学の、一番核として育てられてきた学生のレポートの一部を紹介してみよう。

「つい先日までなら、私は、この集団づくりには文句なく賛成し、大きな評価をしていたはずだが、今はそうもいかなくなった。先日、友達との何気ない会話から、ふと中学時代の話になり、集団づくりの話になった。『同じクラスのA君、高校に行ってから、一番初めに書いた作文に〝俺はとんでもない中学にいた〟と書いてあったことを、高校の先生から聞かされた』というのである。Ａ君は、中学校の時、おとなしい、目立たない人だった。その彼が憎しみにも近いいら立ちに燃えていたことに、私は気づいていなかった。結局、集団づくりの中でピックアップされるのは、活動的な人たちで、おとなしい人たちは、追求におびえながら学校に来ているという。意見を言わないと追求され、反対意見を言うと、すぐ強烈な意見がとび出し、言い返す力のないものはつぶれてしまう。こんな現状が、たしかにあったにちがいない……。」

ここに書かれてあるようなことは、しばしば耳にする。新聞紙上で何回も批判されたとおりである。

「おとなしい、目立たない」子供に「俺はとんでもない学校にいた」と憎悪される教育の方法が良いはずがない。

もちろん、一つの教育は多くの側面をもつ。すぐれた面もあるだろう。だが、それにしてもである。「俺はとんでもない学校にいた」と思われる教育は、「ふつうに教育していたあたりまえの学校」より、はるかにひどい存在である。

川上信夫氏は「班づくり」の経験のあるきわめて多くの学生が「私の経験では、こういう方法は、決してよいものだとは思いません」と確信をもって言いきる言葉を引用し、「このことは、私たち、全生研の運動に長らく参加してきた者にとって、おそろしくやるせない思いを抱かせる」と述べている。

そして、次のように言う。

> 班づくり、班競争というような「てだて」だけなら、これは昔からあった。旧軍隊はその一典型でさえあった。そこでは、内務班の小集団ごとに競争させ、連帯責任を追求するという「管理」が激烈に行われていた。班を利用した批判・追求といったことが、ここでは「管理」の中にみごとにくみこまれていた。多くの学生のレポートは、私に、この旧軍隊的「班づくり」――「管理のための班づくり」を想起させる。学級集団づくりにおける指導と管理の問題は、今も、きわめて大きな実践課題である。

川上氏によれば、「班づくり・班競争」の体験をした学生の中できわめて多くの学生が、**「私の経験では」**、**「決して」「よいものだとは思いません」**と**「確信をもって言いきる」**のだという。「きわめて多くの学生」と言えば、全面的な否定に近い。

カーネギーではないが、「鞭やおどし言葉で子供を好きなように動か」したための、しっぺ返しなのである。

「お粗末な方法」には、常に好ましくない跳ね返りがつきものなのである。

(2)「お粗末な方法」とは

「お粗末な方法」とはどういう方法なのか。その一部を紹介しよう。

都教組(東京都教職員組合)が発行した「みんなでつくろう教育課程」の中に『生活指導編』がある。一九七三年の発行物である。

これは都教組の組合員の参考になるように都教組教文部によって発行されたものであり、文章は「班づくり、班競争」を実践する全生研の方々によって書かれている。

その中に「リーダーを育てることの意味」が書かれてあり、「指導というのは何らかの形で他人に影響を与えていくものだから」として、「核を予想する」方法が示されている。

さて、どのように「核を予想する」のであろうか。

一、子供を知る手がかりとなる資料から、成績は上位、身長は高い順に並べてみて両方が重なる場合、一応核候補と考えます。

一、教師の発言に積極的に反応する者とか、容姿が端麗であるとか、みんなから支持されているものに注目します。

今から数十年前に、私はこの文章を読んで怒りにふるえたものだった。これは「教育の技術」が私とちがうということではなく、教育に対する考えが根本からちがっているのだと思った。

「成績上位、身長順に並べて重なるのがリーダーの候補だ」という。「容姿が端麗であるものに注目する」という。

これは「差別思想」そのものである。私はこのように考える教師を尊敬することはできない。なぜそんなことが考えられるのか理解の外である。

「子供を動かす」上で大切なのは「子供も人間である」ということなのである。

一人一人が、かけがえのない存在なのだということなのである。

「ものをあつかう」ように、人間をあつかってはならないということである。

(3) 人間としての存在感の教育

では、人間としてあつかうとは、どのようなことか、二、三例を述べよう。

前述の文を読んだ時、私は工場地帯の学校で六年生を担任していた。同学年に四十年輩の藤野先生がいた。いろいろな苦労・経験(たとえば歌手、工務店経営)をしてきた人間味豊かな方だった。

この先生のひざの上、まわりには、いつでも服装の汚ない勉強もできそうにない子が群がっていた。藤野先生といつも、楽しそうにふざけあっていた。

藤野先生に何かの会で「いつも楽しそうですね」とこのことを話したことがあった。その時、藤野先生は少しまじめになって、

「洋さん、勉強のできる子とかかわいい子というのは、大きくなって誰からでもかわいがられるんだよ。

勉強のできない子は、小学校のころにうんとかわいがられなくちゃいけないんだ。

それで人生は少しはバランスがとれるんだ」

何と長い目で、子供の人生を考えているんだろうと思った。勉強ができない子を勉強が

できるようにすることは大切だ、それは教師の仕事だ。でも、もっと大切なのは、勉強ができなくて教室の中で小さくなっている子も、教師からかわいがられ、大切にされたという、人間としての存在感の教育なのである。

鈴木健二氏は『続　気くばりのすすめ』で氏の小学校の同級生であった知的障害児のことを述べている。

I君はとても体が大きく力が強かったという。

氏の文を引用しよう。

木村先生は、ときどき体操の時間などに、クラスを紅白に分けて騎馬戦をやらせました。最後はいつも木村先生とI君が残るのです。

木村先生とI君の一騎討ちになると、木村先生はI君の下になって運動場に落ち、かならず負けました。立ちあがると木村先生は、I君の手を握り、

「ありがとう。この前よりまた強くなったね」というのでした。

I君はついに一日も学校を休みませんでした。昔は、休まずに学校へ来た子には、か

ならず皆勤賞をくれました。私たちのクラスの皆勤賞はI君で、終業式に先生がI君の名前を呼んだときに、みんなが一瞬ワッと沸き立ったことを私はいまだに覚えています。I君は週に一度、あるいは二度しかない騎馬戦を心の頼りにして、ついに一日も休まずに学校に来たのです。

卒業のはるかあとになって気がつきました。それは、教育とは何かといえば、先生や父母が子供に良い励ましを与えること――それに尽きてしまうのだという事実でした。

木村先生は、I君を動かし、鈴木健二氏を動かし、教室の子供たちを動かした。動かした方法は、「一人一人の子供を、かけがえのない存在として教育している」という平凡な事実である。

> 「かけがえのない存在として教育する」とは、その子がなくてはならないことを実感させることである。存在感を与えてやることである。

隣のクラスの若い先生から万引きのことで相談されたことがある。

教室でお金をとっているところを教師が見てしまった。今までに何回もやったことを涙ながらに告白したという。

校長室に母親を呼んで、今後の注意を与えた。その後母親が家に帰ってから、母親から電話があった。

「うちの子はやっていない」ということだった。「どうしたらいいか」という相談だった。

その子供がとっているところを教師が発見して、今までに何回もやったことを子供が告白した後だったのである。しかし「先生に無理やり言わせられた」と母親が怒っているらしい。

母親が厳しく子供を叱ったために、そうなったのだろう。

私は次のように言った。

「先生が悪者になってやりなさい。一番つらく思っているのは子供なのだ。自分がとったことを本人が一番よく知っているのだ。

もちろん、教師が正しいことを母親に言い張るという方法もある。しかし、子供は親と教師の両方にはさまれて傷つくだけだ。だまされてやることも教育では大切なのだ。

『もしかしたら私の見まちがいかもしれません』ぐらいは言っていい。そして、つらいだろうけど親にあやまってあげるのだ」

教師があやまって、この件は終わった。

その後、教室で万引きはなくなり、その子は転校していった。さらにそれから何年もたってから、その先生の所に、その子からおわびの手紙が届けられた。「私はとったのです。申しわけありませんでした。もう再びやりません」と書かれてあった。

「現代の学校では、生徒たちを接近させることではなく、分裂させることに全力が傾けられている。

点数競争——こういうものが嫉妬と見栄っ張りをつのらせている。団結して努力すべきことを必要とするような共同の仕事は何一つ生徒たちに与えられていない」(クルプスカヤ)

子供たちに存在感を与えられるような様々な場を教室の中に作るべきなのである。今までの子供の生活をもっと押し広げるような楽しい活動の場を作るのである。

たとえば「何でも好きなだけ食べられるパーティー」のような、「おとぎのお部屋」や「学級憲法」「未来の我が家の設計図」「自分たちで時間割を作ること」など、ワクワクして取り組める場を作ることが大切だ。

すべての子供が活動できる場が作られてこそ、しかも、楽しい場が作られてこそ、子供は動くのである。


クラス全体が取り組む、文化、スポーツ、レクリエーションの活動の中でこそ、子供は生き生きと動き、きたえられていくのである。

だから、核は固定してはならない。文化、スポーツ、レクリエーションのそれぞれの活動にふさわしい多くの子供が、核として認められ成長していけばいいのである。

核の位置は、可動的でなければならない。特に小学校教育ではそうである。

集団は何かをするために必要なのである。この平凡な事実を変えると、集団を自己目的化した集団づくりが行われてしまうのである。

（『現代教育科学』三二二号、一九八二年一一月号・向山洋一論稿の一部分）


前述したカーネギーの『人を動かす』は、教師の必読書である。多くの事例に裏うちされた宝石のような法則がそこにはちりばめられている。

私は、前の文で「クラス全体が取り組む、文化、スポーツ、レクリエーションの活動の中でこそ」と書いた。これは、かつて、大森第四小学校時代、児童活動の研究の中からつかみ取った原則である。

文化、スポーツ、レクリエーションの三つの領域の活動によって、クラスの諸活動は展開されるべきである。様々な形を創造しなければならない。

法則化運動の中で「子どもチャレンジランキング（子どもギネス）」を始めたのも、この一環である。急速に広まった。

子供の裏文化を学級の活動の中に大胆に取り入れようという問題提起である。

そうすることによって、子供たちの生活は豊かになり、様々な活動が展開され、そして様々な場面が生じることになる。

このような、豊かな、様々な活動の中で、子供は育っていくのである。

第2章

子供を動かす実践編

1　厳しく「教える」だけが動かす方法ではない

（1）実質六〇分以上の休み時間を

「チャイムが鳴ったら二分以内に席に着こう」というゲームがあるらしい。

班競争をさせて、規律を教えるのだという。

私の学校では、このようなゲームをさせる教師は一人もいないが、昔いた学校では、何人かの若い教師が熱心に取り組んでいた。

私には「チャイムが鳴ったら二分以内に席に着こう」というゲームの存在が、どうも、理解の範囲を超える。なぜそんなことをするのか、さっぱり分からない。そんなことをしていたクラスの方が、かえってガサガサしていた。

このことを、当時の『特別活動研究』誌編集長の江部満氏に話したことがある。

「それは、向山先生だから大丈夫なので、そうやって規律を教えなくてはならない教室がいっぱいある」という返事であった。

しかし半信半疑である。

私は当時、一年生を担任していた。初めての一年生担任である。この一年生だって、ちゃ

ん と席に着いている。

私は何も特別なことをしているわけではない。チャイムの合図で授業が始まり、チャイムの合図で授業を終わっているだけである。

もっと正確に書くと、チャイムが鳴り始めてから一〇秒ぐらい経って、教員室を出る。しかし、用事があって少し遅れることもある。授業の終わりは、チャイムが鳴り始めて、五秒以内くらいに、授業の終了を告げる。チャイムが鳴り終わった後も、授業を続けていることは、ほとんどない。一学期に一回あるかないかである。

私は思うのだが、私と他の先生は、どうも、授業の終わる時刻が多少ちがうようなのである。

「チャイムが鳴ったら二分以内に席に着く」というゲームを熱心にやっていた先生は、授業終了のチャイムが鳴っても、熱心に授業をされていた。

子供にとって、大変迷惑な熱心さなのだが、教師はいいことと信じてやっているのだろう。

先年、田園調布地区生活指導主任会で「担任の先生のいやなところ」を調査したことがある。地区内一一校のほとんどすべての学校で「休み時間にくい込む授業」が高位で出ていた。

教師はよいことと思い熱心にやっているのだが、その分だけ子供たちは「いやなこと」と受け取っているのである。

このような思い込みは他にもある。以前、「二〇分休みの途中に予鈴を入れた方がいい」という主張が校内であった。つまり、一五分過ぎたところで、予鈴を鳴らし、「あと五分で休み時間は終わりですよ」と知らせた方がいいというのである。

私は次のように主張した。

「時間のけじめをつけるという点では一理ある。しかしこれだけでは不十分である。ぜひ、授業終了直前の五分前にも予鈴を鳴らし、『あと五分で授業は終わりです』と知らせるべきである。

『あと五分で休み時間は終わりですよ』という予鈴と共に『あと五分で授業時間は終わりですよ』という予鈴が鳴らされるのなら、この案に賛成する」

私は生活指導主任の仕事をしていたから、この問題を取り扱うに当たっての担当者であった。だから、かなり真面目に、前述したように主張した。ついでに書くと、教務主任をされていた坂本茂信氏も賛成された。NHKテレビ「理科教室小学6年生」を一〇年間担当されていた方である。

「休み時間の途中に予鈴を入れよ」と主張した教師には、「授業時間の途中に予鈴を入れよう」という発想は全くないのである。「休み時間終了を知らせることがいいことだ」という思い込みがあるのだ。

だが、学校で学ぶことは授業時間で得られるだけではない。休み時間にも多くのことを学ぶ。休み時間は授業時間と対抗し得るほどの比重をもつと私は考えている。休み時間は、学ぶ時間であり休息する時間なのである。

私は「一時間目が開始してから、五時間目が終了するまでの間に、実質六〇分以上の休み時間を作るべきである」と考えている。これは、私の一つの教育的主張である。なぜなら、児童の健全な発育のために必要なのである。きざに言えば、教育の思想である。

ところが、この時間帯に六〇分以上を確保するのは簡単ではない。いわゆる「五分休み」などという、オママゴトみたいな時間を入れるともう無理である。各時間の間にしっかり休み時間を入れていかなくてはならない。

そして、その上で、その休み時間を実質的に保証しなくてはならない。

つまり、授業を延長してはいけないのである。どれほどすぐれた授業であろうと、この休み時間の価値には対抗し得ないのである。

だが、「六〇分以上の休み時間を与えるべきである」という意識もなく、授業も「すぐれた授業」からはるかに遠い位置にいて、休み時間にまで授業を延長している人が多い。

授業時間が休み時間にくい込んでいれば、休み時間が授業時間にくい込んでも当然ではないかと私は思う。教師が指導熱心であるのと同時に、子供も遊びに熱心になる。

授業時間を延長しておいて、チャイムが鳴ったら、「すぐ席に着け」というのは教師の思い上がりである。それほど価値ある授業を教師はしているわけではない。

たいして価値ある授業をすることができない私は、休み時間ぐらいちゃんと確保してやろうと思う。休み時間に子供たちは多くのことを学ぶ。まさに集団の中で、学ぶのである。

チャイムが鳴り終わった後も、授業を続けているのは一学期に一回あるかないかだと私は述べた（ほとんどは、公開授業の時である。そんな時は、私も逆上しているらしい）。

私はほとんど、チャイムの途中で（しかもチャイムの前半で）授業を打ち切る。

そのように教師が行動しているクラスで、さらに、「チャイムが鳴ったら二分以内に席に着こう」というゲームが必要であるなどとは、私には考えられないのである。

（2）忘れてならない「育てる」「養う」

私は当時一年生を担任していた。教師生活一五年目にして初めての一年生担任である。

教師になった年に三年生を担任した経験があるだけで、その他に低学年の経験がない。

一年生の担任になるに当たって、最も大切なことは何かと私は聞いてまわった。どこの会合に出ても教えていただいた。

「一年生の担任にとって最も大切なことは何か、一つだけ教えてください」という質問に、様々な答えがあった。

およそ五〇人ほどの方に聞いたのだが、みんな意見がちがっていた。面白いことだと思った。それぞれに一年生の経験がある方々で、そして、「担任として最も大切なこと」は何であるかという考えが異なっていたのである。

私は初めての一年担任でたいそう緊張していたから、「一年生を担任したことがある」人には、手当たりしだい教えを請うた。

ある先生は「しつけをしっかりすることだ」と言った。ある先生は「子供だけでなく親の教育も大切だ」と言った。ある先生は「ていねいに教えてあげることだ」と言った。ある先生は「一人一人に対応することだ」と言った。

いろんな教えを山ほど受けた。どれもこれも大切な気がした。だけど、今ひとつピンとこない。それは、自分自身がどう考えるかということを出さなくてはいけないということであった。

自分の考えの軸をすえることによって、初めて多くの有益な意見は生きてくるのである。意見を聞きっぱなしでは、それぞれがばらばらの兵力であって、大きな力にならないのである。「自分はどう考えるか」という司令官の判断をそこに加えなければならない。これがなかなか大変であった。日数もかかった。そして、最後にたどりついた私の考えは次のようなものであった。

一年生にとって、学校で頼りになるのは担任だけである。

平凡な結論であったが、こう考えることによって、「第一日目に何をしたらいいのか」というような教育の方針がはっきりしてきた。

この間、何十人もの人に聞いてまわった中に、日ごろ、私の毒舌・戯言・悪口・妄言の被害に合っていた友人・知人は、ここぞとばかりにおどし文句を並べたてた。

——一年生を担任するなら、その伝法な早口をなんとかしなくちゃだめよ。大人の私たちでさえ、時々分からなくなるのだから、一年生にはチンプンカンプンになっちゃうわよ。

——音楽の授業、大丈夫ですかあ？　できるんですかあ？　のぞきに行ってみたいなあ。

――一七六センチ八〇キロの巨体で、どうやって一年生に接するの？　一年生がこわがって逃げちゃうよ。

おどかされた割には順調にすべり出したのだが、とんでもない大失敗をやらかした。そもそも私の鈍感さに由来する。

緊張した入学式が終わって、一年担任の三人で打ち合わせをした。終わりしなに、ある先生から「向山さん、明日から朝は早く来て教室で待っているのよ」と言われた。もう一人の先生も「そうね」と合づちを打った。

私はいつも始業時刻すれすれに登校するのだが、それに対する注意ではないらしい。一年担任を何回もやっている二人の先生は、息もぴったり合って「早く来て教室で待ちましょうね」と言う。しかし、私にはその理由が、よく分からない。

「どうして、早く来て教室で待っているんですか？」と私は聞いた。

「だって、かわいそうでしょう」という返事である。これだけである。

「だって、かわいそうでしょう」と言われたって、私には分からない。そんなに早く来なくてもいい気もする。だけど、一年生は初めてのことなので、とにかく経験者の言に従うことにした。

それから四日ほど毎朝、教室で子供たちを迎えた。そして五日目、私はいつもより五分くらい遅れて教室に入った。すでに一〇人くらいの子供が来ていた。すると、一人の女の子が泣いているのである。私は誰かとけんかをしたのかなと思った。

「どうしたんですか」と聞くと、すぐ前の席の女の子が答えてくれた。「理恵子ちゃんね、さびしいんだって」

頭の中が爆発しそうになった。さびしくて泣くなんて、私の想像のほかの出来事である。「だってかわいそうでしょう」と言った同僚の先生の言葉が、この時分かった。

私はその子の席に腰かけ「ごめんね、先生が遅れて」と言って、ずっとだっこしてやった。こんなでっかい建物の中で、本当にさびしかったんだろうなあとつくづく思った。小さな胸のさびしさが、よく分かった。

後日、母親から、「『先生にだっこされて、安心した。お父さんにだっこされるより大きくてあったかかった』と言っていました」と礼を言われた。

「だって、かわいそうでしょう」。そうならないために、子供よりも早く来て教室で一年生を迎えることは、教師の大切な心構えなのである。そして、こういうことは多分、今までの幾多の先人たちの経験によって蓄積され伝えられてきた知恵なのだ。

まあ、一年生担任を経験された方には常識的なことなのだろうが、私は教室でシクシク泣いている一年生を見るまでは、「だって、かわいそうでしょう」という言葉が、分からなかったのである。

「教える」ということは、学校教育の中心である。だが「育てる」「養う」ということも忘れてはならない大切なことである。

(3) 子供の教育権を奪う体罰

この学校に赴任したのは一九七九年である。所変われば品変わるというが、びっくりしたことがいっぱいあった。びっくりさせられるのは、いつも決まって特定の三人ほどの教師だった。

まず、授業時間中に子供が廊下に立たされていることだった。こんなのは当然体罰であり、しかも子供の教育権を奪うことだから、許されるはずがないのだが、何人かの教師がやっていた。私はとんでもない学校にやってきたものだとびっくりした。

給食が遅い子を、床にすわらせて食べさせている教師もいた。全員に同じ分量の給食を配って「全部食べろ」と「指導」しているわけである。

「全員が同じ分量を食べる」ことの異常さを感じないのかと唖然となった。四〇人の子供がいれば、食事の量はそれぞれにちがっていて当然である。いや同じ人間でさえ日によって食事の量は異なる。

それを四〇人同じに配って、無理やり食べさせて「教育」だと思い込んでいるのだからあきれかえって、唖然となったのである。

私の教室では、「おかずを少なくする子」は、配る段階で調整することにしている。パンは個人差があるのだから、適当な分量を食べて後は残すことになっている。腹の中までは教師は分からない。これでおかずが残ることはほとんどない。もちろん「食べられないおかず」に出合う子もいる。

私は「一口だけ食べてごらんなさい」と言って、一口だけ勧める。こんな程度のことで、給食はうまくいくのである。

それを、同じ分量を配って、食の細い子や嫌いなおかずのある子に、形相すさまじく食べさせて、給食指導をしていると錯覚している人がいるのである。

「四〇人の子供に同じ分量を食べることを強いる」など、並みの神経でできることではない。異常である。こういう異常さは、研究授業を極端にいやがる教師の中によく見られる。教師としての技量の不足を、無知と暴力で補っているのである。

暴力と言えば、教室に貼り出した「忘れ物一覧表」「宿題忘れ一覧表」も同じである。保護者会の当日に、これ見よがしに貼り出す人もいるらしい。「私は無能です」「だめな教師です」ということを告白しているようなものなのだが、当人は「お宅のお子さんはこんなにだめなのですよ。恥ずかしいと思ったら何とかしてください」というつもりなのだろう。

大方の親は「恥ずかしいと思いますから何とかします」と受け取ってくれるが、その教師を尊敬しているわけではない。大半の保護者は、苦笑いしているのだ。

かつて、ある学校で、持ち物すべてに名前を記入することに取り組んだ。朝礼で目標を示して、各教室で点検したのである。

靴、帽子、教科書、文房具、実に様々なものに名前を記入しなくてはならない。当然、もれるものも出てくる。

だから、どの教室でも、「点検の表」が貼り出された（どうして、教師の教育方法はこうも貧しいのだろう）。毎日点検して、表に記入し、叱咤激励したのである。厳しく点検し、厳しく指導したのである。中には競争をしかける教室もあった。

ところが、一人だけそんなことをしない若い女性教師がいた。何日経っても、靴、帽子などに名前が記入されていない腕白坊主がいた。その先生は、一人一人を呼んで、墨で美しく名前を記入してやった。今まできれいな文字で名前を書かれたことのなかった腕白坊主は、美しく書かれた自分の名前を嬉しそうになでていたという。その先生は、それを学級通信で報じた。名前を書いている間は、練習問題をさせていましたということも付け加えて……。

それ以後、そのクラスでは、すべての持ち物に名前が記入されたという。

「教える」ことだけが大切なのではない、「養う」ことも大切であるというのはこういうことである。「心のひだの中」まで体温が伝わらなければ、人は本当には動かないのである。

「忘れ物表」を教室に貼る教師は、前述したように「技量が低い」ということが教育界で認知されてきた。喜ばしいことだ。

調布大塚小学校のある先生が、とっても示唆に富む話をしてくれた。

毎朝、ハンカチとチリ紙の検査をするという。

その方法が面白い。ハンカチとチリ紙を頭の上にのせるというのだ。

教師は、全体の様子が一目で分かる。毎日続けると、確実に忘れる子が減ってくる。そして、全員が持ってくると、カレンダーのその日のところを赤丸で囲むのだという。逆に忘れた人がいる時は、その人数を記入する。これだけである。

誰でもできる方法だが、この方法にもポイントがある。

その先生は、

「忘れてきた子に、お説教はしないの。本人がよく分かっていることだから……。さっと忘れた人数を記入するだけにするの」と言われた。

私も賛成である。こういう場面で、お説教をするのは、下の策であろう。子供はよく分かっている。

六年生の私のクラスでやってみた。七人、五人、三人、二人と減っていって、二人、一人というところで、増減がくり返された。

そして、初めて「〇人」となった日、子供の中から拍手が起きた。

そして意外なことが起きた。子供が「赤の丸印」を見て、「花丸にしてほしい」と言うのである。六年生にもなった子が「花丸にしてほしい」とせがむのだ。

私は盛大に花丸を書いてやった。

すると、「幹、枝、葉をつけて、植木鉢も記入してほしい」と言う。さらに、「ちょうちょ、帽子、太陽も記入してほしい」と言う。本気で言うのだ。

右のような絵が記入されることになった。

忘れ物をガミガミ説教するのも、一覧表を貼るのも、さきほどの教師のようにやるのも、それぞれ一つの方法である。

しかし、自分が子供だったら、どの方法を望むだろうか――とふと思う。

2　朝会に全校児童を集合させる

(1) 決まりをたてにお説教するのは避ける

朝会の時、子供たちが整列するまでに時間がかかるのが気になった。

朝登校して、教室でおしゃべりしているのである。集合のチャイムが鳴ってから校庭に出てくるのであるから時間がかかる。それも三階からのろのろ出てくるのである。

七〇〇名近い児童が集合するのであるから、一定の時間がかかるのはしかたがない。

だが、私が気になるほど整列に時間がかかっていたのである。

校内で私はそういう校務分掌を、六年ほど担当していた。何とかしなければならなかった。

私の勤務していた学校の決まりはゆるやかである。できるだけ規制しないというのが原則だからだ。また、家庭教育で扱うべきことは、学校では取り扱わないからだ。

たとえば、「何年生から自転車に乗っていいか」とか、「どこまで外出してよいか」などという決まりはない。「そういうことは、家庭で決めること」という、指導方針があるだけである。

この場合も、決まりをたてに、お説教するのは避けたかった。

朝登校して、教室でおしゃべりをしているという状態を改善するためには、いろいろな方法があろう。職員会議で話し合うのも一つである。担当者が朝会の時に説教をするのも一つである。子供たちの係を作り、チェックさせるのも一つだろう。方法はいくらでもある。読者ならどうするだろうか。また、みなさんの学校ではどうしているだろうか。

もし、私の立場（生活指導主任である）なら、どんな方針をとるだろうか。

こんなことにも、教育に対する考え、教育の思想が反映するのである。

たとえば、朝会を校庭でした時に、集合までにかなりの時間がかかるのは、「望ましいことではない」ということなら、大方の賛同を得られるだろう。

指導の後には避難訓練の時に、教室にいる児童が、靴をはきかえ校庭に出て集合し、人数を確認して、全校児童の集合の確認終了まで約三分一〇秒となった。にもかかわらず、この当時は朝会の整列までに三分ほどかかっていたのである。

私は「時間がかかってもしかたがない」という意見の存在を認めるが、「そんなのはどうでもいい」という意見にはくみしない。

しかしその前に、集合までにかなりの時間がかかることがなぜ「望ましくない」のかを考えてみよう。

当然出てくるのは、「集団全体に迷惑をかけるから」という種類の意見だろう。この意見がまず、圧倒的であろう。こういう意見に基づけば、遅れることが「集団全体に迷惑をかける」ということを児童に言って聞かせることになる。それでもだめな場合は、何らかのチェックを行うことになろう。週番の教師がチェックする場合もある。児童がやる場合もある。このチェックのシステムによって、成果が異なってくる。

このようなチェックは、確かに一つの指導ということもできるだろうが、しかし管理という側面が強い。むしろ管理をしっかりやることによって、指導しようとしているのである。

だから、この管理の基準をどうすればよいかが問題となる。管理が巧妙になればなるほど、しっかりとした客観的な管理の方法、基準が問題とされるからである。生活指導の分野で発想される多くの実践研究は、このような枠組のものが多い。

だが、「朝会に遅れるのは望ましくない」ことの理由は、「集団全体に迷惑をかける」ということだけだろうか？　もっと、他に理由はないのか？

朝会に遅れるというのは、学校に来てそのまま教室にいるということである。

もう少し、分かりやすく表現してみる。

休み時間に教室でおしゃべりをしていて、外に出ないのはどこが問題なのか?

こう考えてみると、別の問題点が見えてくる。「外に出ない」ことである。いったい、そもそも、「休み時間には、外に出て遊びなさい」という指導は何のためなのかがもう一度問われるのである。

健康のために良いという人もいよう。友達と遊ぶことで、人格にかかわる多くのことを学ぶことができるからだという人もいよう。

一方、無理をしてまで外に出さなくてもよいという人もいるだろう。教室にいたいという子も、それなりの人格をもっているのだという人もいるだろう。

「晴れた日には外で遊ぶ」ということなど、教師の世界の常識である。国民的合意も得られるほどの大前提であろう。

だが、教師の社会の常識も一歩踏み込んで考えてみると、様々な意見・見解が出てくる。誤解のないように言っておけば、私は異論がまちがっていると思っているのではない。人それぞれに考えはあり得る。そしてまた、私は、様々な意見・見解が出てくるのが正常であると思っている。

様々な意見・見解に支えられていない教育の方針など、生命力のないカスみたいなものであると思っている。

だから私は、「朝会時の集合の遅れ」を改善するにあたって、まず、次の提案を職員会議に提出した。

> 晴れた日は外で遊ぶという方針は、このままでよいか。

疑問形の文章なので提案の形からはずれているのだが、再確認の提案なのでこうなったのである。だが、改めて検討してみると、「晴れた日は外で遊ぶ」ということも、常識みたいに通用しているが、いつ、どのような理由で決められたのかはっきりしていないのである。

この議論は面白かった。年配の先生方が、「外に出て当然」と主張するのに対して、若い先生からは、「室内にいてもよい」という考えが出された。また、図書委員会の子、音楽クラブの子は、仕事の関係や練習の関係でこのようにいかないことが出された。

病気の子も教室にいることになるし、係の仕事をする子も教室にいることが多いことも出てきた。

私も、「授業時間が延長して休み時間にくい込むことは、教師の自己満足だけで効果もうすく、子供の遊ぶ権利、休息をする権利を奪うものだから止めるべきだ」というような主張をした。

教師の世界の通説であるにもかかわらず、多方面からの意見が出されたが、結局、「晴れた日は外で遊ぶことを原則とする」という方針は、全員で確認された。

さて、これ以後、外で遊ぶ子は急速に増加した。基本的な問題まで戻って、職員会議で検討したからである。

朝会の集合もかなり良くなった。

これで全部解決したのなら、教育の仕事はかんたんなのであるが、そうはうまくいかない。やはり、私にとって、少し気になる程度に乱れていたのである。

私は、子供たちに、何か指導をしなければならないことになった。七〇〇名近い子供たちを動かさなければならなくなったのである。

（2）自分で自分に判断をさせる

七〇〇名近い子供たちが、朝会の時にきちんと集まるようにするには、どうしたらいいのであろうか。

朝会の時に、どのくらい時間をかけて、どのようなことを話したらいいのであろうか。

これは、読者への挑戦である。

> みなさんならいかがしますか？
> どのようなことを話しますか？
> どのくらいの時間が必要ですか？

私は次のようにした。

> ① 朝礼台に立った。二秒ほど全体を見まわして、黙って礼をした。ほとんどの子が礼を返した。
> ② 静かに次のように言った。

「これから先生が朝礼台を降りるまで黙って聞いていてください。

さっきチャイムが鳴りました。朝会が始まる合図です。

チャイムが鳴り始めた時、校庭にいた人はその場ですわりなさい。もう一度言います。チャイムが鳴り始めた時、校庭にいた人はその場にすわりなさい」

かなりの子供がすわった一方、多くの子供が立っていた。私は短く言った。
③
「すわれた人は立派です。また聞きます。立っている人はこの次にすわれるようにしましょうね」
④
そして、整列させた。

「全員立ちなさい」

「休め。気を付け。終わります」

私は礼をして朝礼台を降りた。


私が使った時間は、一分二〇秒ほどである。

そして、次の朝会の時、私はまた朝礼台に立った。二日後のことだった。

その時、私は次のように行動した。

① 朝礼台に立って礼をした。
② 静かに次のように言った。
「今日も終わりまで黙っていてください。チャイムが鳴った時、校庭にいた人、すわりなさい」

大多数の子供がすわった。しかし、七、八〇名はまだ立っている。
③ 「ずいぶん立派になりましたね。あさってまた聞きます。全員立ちなさい。終わります」
私は礼をして朝礼台を降りた。


この時は、四五秒ほどである。

次から、朝、集合するたびに、私は同じようにした。一日にかける時間は、三〇秒ちょっとほどであった。

私はよけいなことは何も言わない。短く、例示したことをやって、朝礼台を降りるだけである。

三回目あたりから、私が朝礼台に上がると、一種のどよめきが感じられるようになった。

「また、あのことだ」と思うわけである。

そして、不思議なことに、期待感が漂ってきたのである。

私は、客観的な基準を設定して、正しく評定してあげて、うんとほめたり叱ったりしたわけではない。むしろ、全くと言っていいほど、その反対である。

「チャイムが鳴った時に校庭にいた人はすわりなさい」と、自分で自分に判断をさせているのである。そんなことをしたら客観的じゃないという批判もあろう。

しかし、これでいいのである。子供は、私たちが考えているより、ずっと自分に対して正直なものである。「自分に対して正直である」ということに依拠した教育の方が、客観的な基準によって正しく判断を下した教育よりよい場合もあるのである。

七〇〇名近い子供の中には、ごまかす子供だっているだろう。それでいいではないか。たかが、「チャイムが鳴った時に校庭にいましたか」という質問なのだ。「ごまかされてやろう」と私は思う。

このようなささいなことをごまかすいじらしい子供を教育できないほど、私たちの教育はひ弱ではないと思っている。

子供に自分で判断させ、その結果に対して私はほんのちょっとほめたり、はげましたりするだけなのだ。それなのに、子供たちはある種の期待感をもってきたのである。

つまり、このことが、一つのゲームのようになってきているのである。

四回目、あるクラスから(三年生だったが)歓声が上がった。全員がすわったのである。とりたてて、点検などをしなくても、このようなゆるやかな方法で、指導する方法もあるのである。

五回目から、次々と、いろいろなクラスで拍手が起きた。私はあいかわらず、三〇秒ちょっと朝礼台に立っただけである。

七回ほど、朝礼台に立って、私はそのことを止めた。なぜなら、その時には全員がすわったからである。

もっと続けた方がいいという意見もあろう。次の回も続けることも大切であろう。だけど私は止めた。七回で、全員ができたところで打ちきった。

そんなことをすれば、また、集まらなくなってしまうだろう。いやきっと、一〇〇パーセントの状態は崩れるだろう。だから私は止めたのである。これでいいのである。

もう一度考えてみよう。朝会の三〇秒ほどのことが、ある種の期待をもって待ちうけられ、ゲームみたいになってきた。そして、七回目に全員がすわったのである。大歓声、大拍手で終わった。

これをもう一回続けたらどうだろう。七〇〇名近い子供がいるのである。その中に、再び遅れて出てくる子もいよう。病気ということもある。寝坊ということもある。七〇〇名近い全校児童の前で、しかも大歓声、大拍手の次の回に、その子は立たなくてはならないのである。

これは残酷なことだ。私は、こんな残酷なことを子供にさせるわけにはいかない。

朝会の集合が乱れてきたら、また別の方法で教育すればいいのである。こういうことのくり返しが教育なのである。

教育は満点主義を通そうとするとそれに倍する害が出てくるものなのだ。八割主義で私はいいと思う。八割主義というのは、いいかげんにしていいということではない。

個々のこと、個々の人に対しては、一〇割もそれ以上もさせることはある。だが、全体に対しては。八割主義ぐらいで臨んだ方が、致命的な害を避けられると私は思っている。

さて、私が、朝会の時に、全校児童が集まるようにするために費やした時間はどれだけであったろうか。

一分二〇秒＋四五秒＋三五秒が五回分の合計五分

私が要した時間は、五分であった。

(3) 話だけで全校児童を引き付ける

数十年前を思い出す。私は大学を卒業したばかりの新採の教師だった。初めて全校児童の前に立って指導する時があった。五分程度で話せる内容だった。私は、その五分間の話のために、指導案を書いた。何回も何回も練り直した。朝礼台の上に立ち、五分間の話をして朝礼台を降りたとき、私は激しい胃痛に襲われた。神経性の胃痛であった。全校児童の前で、たった五分間話すために私はそれほど緊張していた。

ずいぶん神経の細い男だと軽蔑されるかもしれない。人前であまり話をしたこともない男だと想像されるかもしれない。

だが、六〇年安保から七〇年安保まで、学生運動の中に身を置いていた私は、毎日のように数千人の聴衆の、いや群衆の前で演説をしていた経験もあるのだ。人の前に立つことは慣れていたし、とりあえず言葉を発するということも習慣になっていた。

しかし、全校児童の前で、五分間の話をするという時に、私はひどく緊張したのである。――話だけで全校の児童を引き付けるのだ。一言も叱らないで、注意も与えないで、そっぽを向いている子供をこちらに向けさせるのだ――と私は考えていたのである。

「子供の前に立ったら、たった一つのテーマしか話してはいけない」「子供の前に立って三秒空白の時間があるとざわめき始める子供が生まれる」「児童の司会による集会活動が困難なのは、三秒以上の空白を生んでしまうことが原因である」……その後私は、次々にこのような原則を学びとっていくことになる。

この点については、後日触れることもあろうかと思う。

わずか五分間の話のために、何時間もかけて指導案を書いた時のことを、朝礼台から降りた時のあの激しい胃の痛みを、今でも私ははっきりと思い出す。

そんな思いを積み重ねてきたからこそ、現在の私がある。教師として生きる以上、私はプロの教師になりたかったのである。

ところが一般的に言って、教師の話はへたである。へたであることを自覚してないから、どうしようもない。教師の話がへたなのには原因がある。最大の理由は「話が長すぎる」

ことである。へたな話を三分も五分もだらだらとするのだから、どうしようもない。

私は、結婚式で「主賓クラス」で招かれた時の話でも、およそ二分四〇秒くらいである。三分を超えることはない。主賓より格下で挨拶をする時は、まず一分三〇秒くらいである。

ところが、多くの教師は、「主賓クラス」ともなると軽く五分、七分を突破して、中には一〇分をオーバーする人もめずらしくない。主賓より格下でも五分、七分と話す人がいる。

時間が長すぎる人は、話がへただと思ってまちがいない。教師の場合、校長が卒業式の式辞を述べるのが最長で、それでさえ一〇分以内ということがめやすになる。教師の話がへたなのには、ほかにも理由がある。一回の話の中に、いくつものテーマを混在させるからである。「話が終わった」と思うと、「それに」とか「もう一つ」とか話が延々と続く。

一回立ったら一つのテーマ、講演でもない限り話は「一つのテーマ」に絞るべきだ。

「話がへた」というより「話がつまらない」人は、「さすが」と思うことを言わない。自分の体験を述べない。そして「竹が成長する時の節目の話」とか「正直、誠実」であることとか、手あかのついた話をするわけである。

さらに「話のへたな人」は、あることがらを延々と話して「切りとる」ということをしない。ポイントを絞らないのである。「話のへたな人」は、「話の切りあげ部分」も、もたもたしている。法則化運動のパーティーなどでは、普通は、自己紹介などは一人三〇秒である。一人三〇秒でも、話のうまい人は、人を引き付ける話ができるものである。三〇秒の自己紹介を魅力的にできない人は、多分、授業もつまらないと想像する。

転任で全校児童の前に立った時、名前を言って、「みんなと勉強をしていくのが楽しみです」などと言っているようでは、だめなのである。

ある教師は、子供の一人に「チョウチョウチョウチョウナノハニトマレ、ナノハニアイタラサクラニトマレ」と歌わせ、子供たちが「ナンダ、ナンダ」となったところで、「ところでみなさん、桜の花にとまった蝶を見たことがありますか?」というところから自己紹介を始めたという。

またある教師は、大きなサイコロを背中にかくして、「⚀の裏側はいくつか、⚂の裏側はいくつか」などと聞いた後、横から見ると正方形に見えることを尋ね、では、一つの頂点を真上にもっていったらどう見えるかと聞いたそうである。これは、ちょっと迷う。

ある小学校での、転任あいさつの様子である。さすがに、プロの教師は、「始め」からちがう。

3　応援団の子供たちを動かす

（1）応援団の組織づくり

運動会の時に、私は応援団指導の担当者をしていた。赴任から十数年来ずっと応援団指導の担当であった。

応援団を指導するに当たって、私は一つの道具を用意した。長い長いハチマキである。二メートル五〇センチほどの長さである。長いハチマキを着け、笛を鳴らしての演技は、子供たちにはあこがれであるらしい。

応援団の子供たちは、どの係にもならなかった者がなることになっている。たとえば放送委員会は、運動会の放送・アナウンスを担当するが、せいぜい七、八名もいれば用がたりる。生徒全員が何かの係にならなくても、運動会の開催には支障がない。しかも、どちらかと言えば、各委員会は仕事がてきぱきとできる気がきいた子が必要なわけである。

しかし、私が担当する応援団には、てきぱきと気がきく子はあまり必要でない。一人もいなくてもよい。

だから私は、係について話し合う職員会議で次のように言う。

「各委員会が必要と思う子供以外は、すべて応援団にまわしてください。こんな子で大丈夫かしらというようなご心配は全くいりません。男女の比を考えなくてけっこうですし、学年のバランスが崩れていてもかまいません。また、どれだけ大量の人数であってもかまいません。安心して、応援団におまわしください」

この結果、多い時は一〇〇名前後、少なくても六〇名ほどの応援団が結成される。集まった子は大ざっぱに言って二つのタイプに分けられる。

第一のタイプは、腕白坊主、やんちゃ坊主たちである。きっと、教室では宿題忘れなどのベストスリーに入っているにちがいないような、じっとしているのが苦痛な感じのふてぶてしい子供たちである。

第二のタイプは、ひっそりとして、静かな女の子たちである。用を頼んでも返事をするわけでもなく、のそのそっと身体を動かしている子供たちである。

各委員会の仕事からはみ出してきた子供たちであるから、こういうタイプの子供が主流であることはうなずける。

もちろん、この二つのタイプ以外の子もいるが、数は少ない。

第一回の集合の時に、組織を決める。

赤組・白組それぞれの応援団長一名、副団長二名、各学年専任者がそれぞれ一名、そして残りの子は各学年の担当者となる。

応援団長は立候補の中から決める。立候補がいなければ空席のままである。

知らない子供が集まっているので、初めはものおじしている。そんな時、誰かが「〇〇君がいいや」と推薦することがある。しかし、私はこういうのは受け付けない。

組織の長は、希望する者がなればよいというのが私の考えである。また、「本当はなりたい」のに、推薦によって取りつくろうのは、いやらしい姿であると思っている。

ふつうは、五、六名の立候補がある。その五、六名の子供にジャンケンで決めさせる。

たくましそうな男の子もいるし、弱々しそうな女の子もいる。もし選挙で選ばせたら、弱々しそうな女の子が応援団長になることはまずない。数十名の集団の意思は、たのもしそうな、人柄の良さそうな子供を選択するにちがいない。

人生の重要なことを決定する場合だったら、そのような選出方法も大きな意味があるだろう。

しかし、たかが三週間ほどの期間の応援団長を決めるだけなのである。しかも教育の場でのことなのだ。

「どの子でもできるはずだ」と私は考えている。

「応援団長に私はなりたい。だから私は立候補しました」という意思表示をする子供に対して、「誰にも可能性のある選出方法で決めますよ」と応えてやるのが教師の役目であろう。

この方法を続けた十数年で、どの子もその仕事を立派にやりとげたのである。

団長を決めてから副団長の立候補を募る。そうすると、必ず大勢の子供が立候補してくるのである。そして、盛大にジャンケンが行われる。

かくして、白組・赤組の応援団は組織されたのである。

もちろん、これは基本的な手順であって、年によっていくらか変化する。

当時の、「応援団保護者各位への報告」という印刷物が手もとにあるのでご紹介する。

応援団保護者各位への報告

応援団担当　向山洋一

◇運動会の各係は、委員会を単位として決定された。係の仕事の人数によっては、それほど多人数ではなくてもよいところもある。そうしたところから、応援団を希望した者によって団は構成された。「応援団はこの教室でしょうか?」……意気ようようとやって来た子供たちによって、みるみるうちに教室は満たされた。五九名である。「あなたたちすわりなさいよ」、五年生に席をゆずって立った六年生の女の子たちもいた。

◇私は黒板に〝入団の条件〟と書いた。

(1) 美女・美男子である。

(2) 知性と教養がある。

(3) スマートである。

六年生がキャーキャー、ブウブウ言い始めた。私は続ける。

(4) おしとやかである。

(5) 上品である。以上。

そして、みんなをジロッとにらんだ。さらに〝以上の条件をすべてもたない者〟とつけ加えた。みんなから〝バンザーイ〟という大歓声が上がった。

◇これは半分冗談で半分本当である。応援団は裏文化であると思っている。ピアノがうまい、絵がうまいといった正当な学校文化の表文化(ハレの文化)に対して、メンコがうまい、ヘビをつかまえられるといった類の裏文化（ケの文化）であると思っている。そこは子供本来の姿が、如実に躍動する場だと思っている。今までの一切の権威は、そこでは必要ない。そのようなことのない、〃あこがれ〃の世界である。だからこそ、どの子も燃えた目をしている。必死である。

◇自己紹介をしてもらった。〃先生は指名をしません。自分から立ってあいさつをしてください〃と言ってすわった。昨年の団長であったMやTがさっと立ってあいさつをした。六年生がそれに続いた。次々と子供たちが立った。その熱気ある光景をお見せしたいほどだった。

◇最後にしめ切って、念を押したところ五年生が四人ほどしていなかった。前に立たせて、どうしてなのかを追求した。男の子が〃やりたくなかったのです〃などと小声で言った。〃一割でもやりたくないという気持ちがあるなら、やめなさい。他の係に行きなさい〃と言った。その子は下を向いてしまった。念を押すと、やはりやりたいのだった。「〃応援団をやりたい。団長をやりたい〃というようなことを言うのは、少しも恥ではありません。自分の気持ちを率直に言えなければ、応援団はできません」と言った。

◇団長、副団長、各学年の責任者を立候補で決めた。〃すいせん〃などというのは一切やらない。やりたければ自分で立候補すればよい。立候補のあいさつをするのが唯一の条件である。後はジャンケンで決める。別に体格のいい、声の大きい子を選ぶこともない。〃やりたい〃と勇気を出した子には、なれるチャンスを平等にしてやるためだ。古代ギリシャの初期の元老院の選出方法もクジであった。たくさんの子が立候補した。拍手もものすごかった。

(2) ハチマキの結び方

団長・副団長を決めた後、一つだけ練習をする。ハチマキの結び方である。

「ハチマキを結んでごらんなさい」と言って、私は時間を測る。

数十名の子供たちがいて、しかも、もたもたするタイプの子が多いわけであるから、大さわぎである。全員が結び終わるまでに二分近くかかる。

私は次のように言う。

「二分かかって、全員ができました。しかし、応援団に与えられた時間は、一回あたり四〇秒から一分三〇秒の間です。これでは、ハチマキを結んでいるだけで時間がすぎてしまいます。

一〇秒以内に結びなさい。今までの応援団も全員一〇秒以内でやってきました」

こうして、もう一度やらせてみる。だらだらした空気は、いっぺんでなくなっている。

私は合図してから、秒を読む。

「一秒二秒……八秒九秒一〇秒止め！」

全員不合格である。長い長いハチマキを結ぶのだから大変なのだ。

もう一度、同じことをくり返す。ここらあたりで、一、二名が合格となる。いちいちほどかないで、頭の形に残しておいて、頭に入れて締めるわけである。これだと早い。ネクタイなどでもこのようなアイデア商品があるが、人間誰しも困れば考え出すわけである。

集団の中から、一、二名の合格者が出たことは、不思議な波紋をなげかける。今までは全員ができなかったのだ。それなのにやりとげた子がいる。自分にできないわけがない。このように思うわけである。

子供たちは、できた人間の方をチラチラ見る。うまい方法を盗むわけである。かくして、またたく間にこの秘法は行き渡る。そして、次に三秒以内にやるように言う。大さわぎの中で次々と合格になるが、まだできない子もいるので、家で練習するように言っておく。

帰りがけに一つのことを注意する。

「ハチマキは練習の時以外は着けてはいけない。笛も練習の時以外吹いてはいけない。違反した者は、ハチマキと笛を取り上げる」

子供たちは、ハチマキと笛をもらって有頂天になっている。黙っていれば、教室でハチマキをしめ、その姿で得意そうに下校する。笛も、めったやたらに吹くことになる。小さなことだが、この注意は必要なのである。

(3) 校庭での並び方と脇役の意味

さて、次の日は校庭での並び方について練習をする。

練習に先立って次の話をする。

「みんなは、去年までの応援団を思い出して、カッコイイと思っていることでしょう。あのように、てきぱきと行動したいと思っているでしょう。これは誰でもできます。

しかし、一つだけ覚えておいてほしいことがあります。それは、応援団は脇役なのだということです。

運動会の主役は、一つ一つの演技です。応援団は、その演技の間の時間にやるのです。

しかも、『応援団は、一分間やっていいよ』というように時間はもらえないのです。一つの演技が終わった後片付け、一つの演技が始まるための準備、その間のわずかな時間をみつけてやるのです。

次の演技が始まりそうだったら、応援はその場で止めなくてはいけません。応援の準備にもたもたして時間がなくなったら、やらなくてもかまいません。

もう一つ、応援の主役は全校の児童です。あなた方は、応援のやり方を教え、手のたたき方を教え、全校のみんなが応援できるようにしなくてはいけないのです。応援団だけがはりきって、みんながそれを見ているなどということはあってはいけないことなのです。

二つの意味で応援団は脇役なのだということを、しっかり覚えておきなさい」

こうして、校庭に集合する時の方法を教える。団長、副団長が校庭の中央に立ち、学年責任者が学年と対面する形で立ち、学年担当者は、学年の横に立つ。応援団の席からこの位置に立たせるまでに一〇秒以内である。

ゴーの合図は団長が出す。退場の合図も団長が出す。少しもたもたすると（つまり、先生どうしますかというように教師の顔色をうかがっていると）すぐに二、三〇秒は経ってしまう。

ゴー、退場の合図の決断を団長はしなくてはならない。しかも、数十名の団員を率いて一〇秒以内に配置につかなくてはならない。この練習がけっこう面白いのである。

配置についた時、手はうしろで組むようにしてあるのだが、これがなかなかできない子がいる。何といっても、やんちゃ坊主と、ひっそり少女たちだから、身体を一定のフォームにしておくというのに慣れていない。

配置について、ちゃんとしたフォームができない学年チームは何度でもやり直しである。ほんのちょっとしたことだが、一〇〇名近い子供全員ができるようになるのが大切なのである。

この練習が終わると、応援団らしくなってくる。私の指一本の指示で全力で集まるようになるし、ぴしっとした姿勢で指示を聞くようになる。

次の回は、応援の型を決めさせる。応援歌なども決めさせる。五〇パーセントほどは前年度のものを受け継ぐが、残り半分はオリジナルなものである。

手拍子などはあまりかわりばえがしないが、各種の動作など実に見事なものができあがる。

この話し合いには、私は口を出さない。団で決めさせる。

そして、毎日昼休みに練習するように指示をする。

この練習には、たまに顔を出す。顔を出した時には、いくつかの動作について「合格、不合格」を判断する。

合格の者をすわらせて、不合格の者を何回も練習させるのである。

集団の中に埋もれていて、これでいいのだという気になっていた子は、この「合格、不合格」判定によって必死になる。

さて、頃合いを見て、各教室へ行くように指示をする。必ず休み時間であること、必ず時間内に終了することなどを注意する。

各教室では盛大に、練習が始まる。特に一年生、二年生は、ほとんど興奮状態で、みんなが応援団の真似を始めるのである。

(4) 具体的な指示

子供を動かす時、「全体の方向を示すこと」と「具体的に示すこと」の二つが必要になる。

全体の方向が分からない時、個々の動きだけを教えても、どこかちぐはぐしている。内心、不安(不満)なのである。全体のことを示して、個々のポイントとなるべき具体的な動きを示さないと、これは混乱のもとになる。

「具体的な動き」は、「明確な言葉」でスパッと伝えるべきだ。

これを、疑問形で伝える人がいる。

「ハチマキは早く結んだ方がいいんじゃないかな」

これは、教師としては、ハチマキを早く結んでほしいということなのだが、聞いている方はどうしたらいいのか迷う。「これは、遅くてもかまわない」ということか、それとも、「早くしなければいけないのか」、早いというが「二分でやれば早いのか」「一分を切ることが必要なのか」。考えるほどに混乱してくる。イライラしてくる。ところが、このような「疑問形」で指示をする教師は意外と多い。指示をするなら「具体的に示す」べきである。

「具体的に示す」と、管理をしすぎると思う人がいるらしい。逆である。

疑問形のあいまい指示は、あいまいであることによって「子供のすべて」を束縛する。子供は、疑問形のあれこれにかかわるため、すべて束縛される。したがって自由はない。不自由なのである。

「具体的な指示」は、その「具体的部分だけ」を守ればよい。他の部分は、自由でよいことになる。

憲法・法律という決まりがあることによって、人々は自由なのである。それ以外は、許されるからである。

「疑問形のあいまい指示」は、子供を混乱させ、無制限に束縛するのである。

(5) 終わった後の感想文

かくして運動会をむかえ、終わった後、感想文を書かせる。その子なりの達成感や満足感が伝わってくる。

応援団　　　　　　　　　　六年　S・O

私は一年生の時から「応援団ってかっこいいな」とやりたくてたまりませんでした。五年生の時、やりたくてもできませんでした。けれども六年生になってやることができたのです。うれしくてうれしくてたまりませんでした。あこがれていた応援団になれたのです。

はじめての応援団の集まりはもう胸がドキンドキンしました。屋上に集まりはちまきを受け取った時、涙が出そうにうれしかったことは忘れようとしても忘れられません。

練習は毎日毎日ありました。給食は五分の時間で食べなければなりませんでした。そして自分の担当クラスへ行き、応援歌などをおしえました。少しはずかしかったけれどそれも私の一つの思い出になりました。

はじめての校庭での練習はとてもきびしく思えました。一人でも先生の指示に従わない人がいればやり直しなのです。でも今考えればそれは当たり前だ、と思えます。それが応援団としての資格だと思うからです。

いよいよ本番になった時は今日が最後か、とちょっとがっかりしました。でも一生懸命やりました。いつもより大きな声でさけびました。のどが痛くなってしまいました。のどが痛くなっても平気でした。それは先生が、

「応援団は自分が応援するのではない。みんなに応援させる仕事である」

と言ったからです。だから少しでも大きな声を出してみんなが応援してくれるようにとがんばりました。せっかく応援団になったのだからと思ったからでした。

とうとう運動会が終わってしまった時、時間が（元に）もどってほしくてなりませんでした。

私はなりたかった応援団になれて本当によかったと思いました。一年生の時からの望みがかなったのですから本当によかったです。

4 指導方法を工夫して子供を動かす

(1) ゲームはいくつもの方法でやる

私は体育の時間に「ドッジボール」を、ほとんどやったことがない。新卒の時から、ドッジボールが極度に嫌いであった。

活躍しているのが、少数の子供であるというのが主たる理由である。それに運動量も少ない。

ところが、担任して初めのころは、子供たちが、ドッジボールをやろうとよくせがんだ。あれがけっこう楽しいらしい(担任して半年もすると、ドッジボールを体育の時間にやりたいという子は、ほとんどいなくなる)。

私は、遊びの時、ゲームをやる時に、ドッジボールをしてやる。ただし、少数の子供しか活躍しない、運動の量が少ない、という欠点を少しでも除くために、少しだけルールを変える。

まず、初めに、ボールを二個にするのである。ボールが二個になっただけで、運動量は極度に増大する。油断もすきもあったものではない状態になる。

二個のボールを視野に入れて、行動しなければならなくなるのである。へたな女の子が、腕白坊主をだましうち気味に当てるということも可能になる。

ゲームは、同じ方法を続けるより、いくつもの方法でやった方が楽しい。

だから男の子対女の子でも試合をさせてみる。

ただし、コートの広さを図のようにしてハンディをつける。男の子のコートを三メートルほどの広さにするのである。女の子から大歓声が上がり、男の子からブーブー文句が出る。

そこで私は言う。

「今までの向山学級で、これで負けた男の子のチームはなかったけど、じゃあ、このクラスは止めようか?」

多くの男の子は「やるよ」「やってやろうじゃんか」などと言う。

そして、結果は、男の子が、勝つのである。

その次に、私は男の子のチームの広さを、一メートルにする。

再び文句が出る。しかし今度は、少ししか文句は出ない。自信もできたのだろう。

この一メートルの幅でやる試合は、見ていて実に楽しい。女の

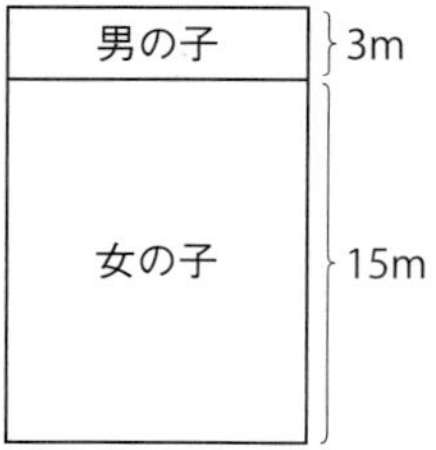

子は、試合慣れしてないというか、ケンカ慣れしてないというか、このハンディをうまく生かしきれないのである。

このゲームは楽しいから、何回かやる。そして、最後に私は、「男の子は左手でやること」をルールに入れるのである。

つまり「男の子のコートの幅は一メートル、しかも男の子は左手を使用する」このぐらいのルールで、高学年の男の子と女の子の試合はつりあうのである（なお左が利き手の男子は、右投げにする）。

このようにコートの広さをちがえるということは、誰でも考えつくことであろう（もっとも、私からこのような話を聞いて感心されている教師がけっこういるのだが……）。

（2）劇の演出

私は劇の演出が好きである。合唱を指導することも嫌いではない。

今までにいろいろなタイプの劇を演出してきた。創作もしてきた。同じ台本を使っても、演出によって劇はあきらかな違いを見せる。

二年ほど前に「ほんとうの宝ものは？」（牧杜子尾作）を六年生で演出した。六年生である。

この時は、台本による出演者数四〇名だけでなく倍増させて八〇名にした。残り四〇名は演奏、照明等を担当させた。

出演者は、次のように決定した。

台本を全員に配り、各教室で国語の授業として、勉強をする。一通り終わった後で全員を体育館に集める。

そこで出演希望者を募る。

条件は、たった一つである。「地声で音声が体育館のうしろまで聞こえること」である。

マイクなしで劇をする以上、これだけはどうしようもない。ただし、その時は心臓病の子がいたので、マイクを使う役も三名作り出した。

さて、役ごとに希望を募っていく。これを最後まで聞いていく。各自は一回だけ希望することができる。

当然のことながら、希望が多い役と少ない役が出る。これまた当然ながら、希望者が少ない役はなれる可能性が大であり、希望者が多い役はなれる可能性が小である。

そこで、次のように言う。

「今までの状況を参考にしてもう一度考え直しなさい。もう一度手を挙げてもらいます。

今までとちがってかまいません。なれそうな役に手を挙げればいいのです」

こう言って、もう一度手を挙げさせる。多少の変動は生じる。しかし、希望者が殺到する役はやはりあり、希望者がない役もある。ここで、オーディションを始める。

配役Aを希望するグループを舞台に上げて、残りは、体育館の後方にすわりこむ。

そして、順番にセリフを言わせるのである。体育館の後方で聞いている多くの子供には、舞台の上でセリフを言う子供の声の大きさがよく分かる。

うしろまできちんと聞こえれば合格、聞こえなければ不合格である。

このようにして、順番に合否を決めていく。しかし、配役Aに対して合格者が数名出たりする。これがふつうである。

その後をどうするのか。これから先はジャンケンである。声が大きい子を、どのように上手に演じさせるかは、一〇〇パーセント教師の仕事なのである。だから、この段階で選別をしてはならないと思う。

こうやると大半の役が決まる。しかし、これでも決まらない役もある。誰も希望しなかった役、合格者のいなかった役である。

落ちた子供たちに対して、空きのある役について第二回目のオーディションを実施する旨を伝える。

再び同じような手順がくり返される。

これを五、六回やると、すべての役が決定する。最後は、初めは見向きもされなかった役にどっと希望が集まる。「これなら、初めからこの役にしておけばよかった」と思う子もいるだろうが、もう遅い。

劇の配役を勝ち取った子は、それぞれに満足している。「出たくない」と思っている子にも「演奏」「照明」「効果」などの役が配置されているから、それなりに満足している。

そこで私は、翌日第一回目の練習があることを告げる。何をするのかというと「台本を見ないで、自分のセリフを言うこと」なのである。

わずか一日でセリフを覚えてこなければならない。当然「エエー」という声が出る。

「一日で覚えるのが無理なら手を挙げなさい。希望者はたくさんいる。他の子に替わってもらえばいい」と私は言う。

とたんに「エエー」という声は引っ込む。もちろん、誰も役を辞退する者はいない。せっかく苦労して、ジャンケンに勝って、手に入れた役なのである。

翌日、全員を集めてセリフを言わせる。途中で多少のトチリがあるが、まあほとんどの子は家で練習しているためにうまく言える。

この練習はほめにほめて三〇分ほどで終わる。

翌日は立ち稽古をすることを通告する。セリフに簡単な動作をつけるのである。

この練習もほめて、五〇分くらいで終える。

もちろん、どの子も棒立ちの状態でセリフを言っている。

この劇の時には、場面ごとに登場する役が決まっていた。そこで、場面ごとのグループを作り、練習をさせた。これを三回ぐらいやらせた。私はその間、何も言ってない。

子供同士の自由な練習は、後々大きな役割をすることがある。私はこのような自由な練習場面を重視する（しかし、この練習によって演技が上手になることはない）。

（３）練習の方法

そして、ようやく本格的な練習が始まる。

全員を体育館に集める。初めの場面のチームだけまずやらせてみる。

解説者が「世界宝ものコンクール」について放送した後、脚本では次のようになっている。

司会者……では次、一一〇番。アポロン連邦のかたどうぞ！
「アポロン連邦の宝もの」と書いたプラカードを先頭に、水を入れたガラスばちをささげたアポロン連邦の三人が出てくる。あいさつをした後、ガラスばちを審査員席に差し出す。
審査員Ａ　なんですか、これは？
ア連邦Ａ　はい、「月の水」です。

この冒頭の部分だけで一時間ほどの練習になる。

まず、あいさつについて文句をつける。

「あいさつは、誰にするのですか？」

アポロン連邦のＡは、「審査員に対して」と答え、アポロン連邦のＢは「いや、会場の人にだ」と答える。それを聞いていて「両方にするのじゃないか」という子も出る。

こんな簡単なことでも、演技をする段になると大変なことになる。

本当は、グループの中でよく話し合い考えるべきなのだ。その上で、自分の考えはこうであると思えば、その通りにやればよいのである。

「今は、自分が思った通りにやってごらんなさい」と私は言った。

ある子は審査員にあいさつをして、ある子は会場にあいさつをして、ある子は両方にあいさつをすることになった。

あいさつのしかたが、オドオドしていたので大胆にやらせた。

このように、登場する三人の子がばらばらにあいさつすることになった結果、どうなったかというと、その場面だけ急に舞台が生き生きしてきたのである。

そこでさらに付け加えた。

「アポロン連邦は、日本にあるのですか」

ちがうと子供は答えた。

「では、外国にあるアポロン連邦では、日本と同じあいさつのやり方をするのですか。みんな、おじぎをしているのですか」

見ていた子供たちは、ドッと笑った。舞台の上の子はそうはいかない。一難去って、また一難である。

「アポロン連邦のあいさつを考え出しなさい。言葉じゃないですよ。態度、動作で示すあいさつです。しかも、ああ、誰が見ても、あいさつをしているんだなあという方法です」

これを次回までの宿題にした。

しかし、これで終わったのではない。

「ところで、大切な月の水を運んでいるのでしょう」

「それなら、大切に運んでいる方法でやりなさい。今のは、バケツの水を運んでいるようです」

またまた見ている子はドッと笑う。

「三通りの方法でやってごらんなさい。その中から、良い方法を先生が選びます」

子供たちは困った顔をした。たかが水を運ぶという場面を、三通りの異なる方法でやらなければならないのである。

私は見ていた子にも「誰かやってみないか」と呼びかけた。こういう時には、調子に乗る子が出てくるもので、しかも、それが上手と相場が決まっていて、見ていた子が舞台でやってみせた。けっこううまい。

これでいいのだが、イマイチもの足りない。そこで私は、運ぶ途中、一人をころばせた。ガラスばちの水があやうくこぼれそうになるのである。こうすると急に緊迫感が出て、大切なものを運んでいるという様子になってきた。

舞台も活気づいてきた。

だが、アポロン連邦の三人が生き生きしてくると、舞台の上でボヤーッとしている集団が気になった。右側に斜めに並んで腰かけている審査員である。

私は五人すわっている審査員の一人に聞いていった。

「あなたは、何歳なのですか。どこの国の人ですか。専門は何なのですか。審査員の経験は何回目ですか。隣にすわっている審査員とは顔見知りなのですか、初対面なのですか」

これを、次々に、やつぎばやに聞いていったのである。急に自分の方に矛先が向いて、審査員はドギマギしていた。

さらに私は質問を付け加えた。

「机の上には、何があるのですか。それは、何のために使うのですか。また、ポケットには何が入っていますか」

急に机の上に何か出す子もいた。

私はさらに付け加えた。

「どの人間も、クセがあるものです。そのクセを作りなさい。しかし、わざとらしいクセではだめです。また、もともと自分のクセであるのもだめです。役のために、ありそうなクセを作り出すのです」

これだけやると、審査員も、急に生き生きとしてきた。

私はさらに追いうちをかけた。

「アポロン連邦の人が出てくる前に、他の国の人が出ていたわけでしょう。審査員は、それを審査していたはずです。

審査した結果はどうするのですか。頭で覚えておくのですか？　そう、記録用紙に記入するなら、それをしていなければおかしいはずでしょう。

記録用紙に記入していたり、机の上を整理しているうちに、アポロン連邦の人が登場してくるようにならなければおかしいのです」

もちろん、途中で一つ一つ区切って、やらせてみたり質問したりして、すすめるのである。いろいろと言うが、私の話のテンポは速い。会場で見ている多くの子から爆笑が時々起こるという雰囲気の中で行われる。

さらに私は、初めのセリフにも文句を付け加える。

「『なんですか、これは？』と言いましたが、その言い方は、なんですか」

会場がドッとわく。六年生には、これくらいの駄ジャレは通用する。

「あなたは、何も見ていないうちに『なんですか、これは?』と言っているのですよ。しかも、頭の中で、何を考えて言ったセリフなのか、分かりません。見知らぬ人が一万円札を出した時に『なんですか、これは?』と言います。また、奇妙な形のものがあった時『なんですか、これは?』とも言います。この場合は『水』という、誰でも知っている物なのです。誰でも知っているありふれた物を宝物だと言って持ち込んできたから『なんですか、これは?』と言ったのです。そういうことが感じられるような言い方をしなさい」

私は何回もセリフを言わせた。「だめです、そんなの」と何回もやり直させた。

司会者のセリフにも文句をつけた。

「『……では次、一一〇番』とあるでしょう。あなたの言い方は、『では初めに、一番の方』という感じなのです。このコンクールはずっと続いていて、もはや一一〇番になっているのです。その雰囲気を出さなくてはなりません」

このように、冒頭の練習だけで一時間はかかり、次の場面は翌日まわしとなる。

子供たちはホッとしている。「ちゃんと練習しとこうぜ」「練習に集まる時間を決めなくちゃ」という声が耳に入る。

これからのグループ練習は、効果が上がるのである。練習を見ていて、子供たちはびっくりしたり、ふるえ上がったりしたのである。しかし、目の前で見事なほどに演じ方が向上していくのを見て、自分たちも先生に見せるまでにもっとやっておこうと動き出したのである。

次回からは一グループ二〇分ぐらいで見ていく。後は、グループの練習にすべてまかせるのである(グループの練習を私は見て歩く)。

その時私は次のように言って歩く。

「セリフの一つしかない役の人間が、セリフが五つも六つもある役の子を舞台の上で食ってしまいなさい。何気ない動作でも、目立たない役柄でも多くの人は見てくれているものなのです」

結果はどうなるかというと、下級生からファンレターをもらうほどまでに好演するようになるのである。

（4）学校行事で子供を動かすポイント

運動会での演技にしろ、学芸会の劇にしろ、練習を三回すれば「もう明日本番でもかまわない」というレベルにしておくべきだと思ってきた。

「明日、本番でもいい」というのは、「まあまあの線として見ることができる」「よくやったと言ってもいい」というくらいの出来栄えである。

私は、そのレベルまで、一気にかけのぼることにしている。

そんな時大切なのは、細かいことを、いちいち教えることではない。そんなことは、どうでもいいのだ。ポイントとなるべき点を、一つだけしっかりと指導することが大切なのである。

これは、多分、合唱でも同じだろう。

西六郷少年少女合唱団の鎌田氏と言えば、日本の合唱指導の最高クラスだろうが、「エーデルワイス」の出だしの「ワ」だけを、指導されているのを拝見したことがある。

確かにそれだけで、他の部分もよくなっていくのだ。

「『ワ』ができれば、他のすべてができる」と、授業の中でポツンと言われていたが、そのとおりなのだと思う。

ところが、多くの教師は、どうでもいい、小さいことに、あれこれ注文をつけがちである。細かいあれこれは、ポイントとなるべきことができてから、その後にすべきことなのだ。ポイントとなるべき点を指導しないで、細かいことを指導すると。子供はだらけ、それを大声で怒鳴るという展開になる。

「運動会の指導、学芸会の指導で一度も怒鳴らない」ということが、アマとプロとのちがいであろう。当然、プロなら怒鳴らない。怒鳴らなくても、子供は動く。

未熟な教師は、怒鳴る回数が多い。そんな教師の多くは、不勉強であり、本もあまり読まず、研究会にも参加せず、そのくせ、いつの間にか身につけた自己流を、「相当なものだ」と思っているらしい。

どの社会でもそうだが「自己流」なんていうのは「ほとんどだめ」なのである。多くの教師が開発してきた方法、名人・達人という人がみがきあげてきた方法に、かなうわけはない。

「ポイントとなるべき一点を指導する技術」……をもつことは、すべての教師に必要である。

5　やるべきことを一人一人に示せ——卒業式よびかけの練習——

(1) 指導とは何か

私は一九八七年まで、一学年が三学級の学校にいた。一学年の児童数が、およそ一〇〇名余である。

この一〇〇名余の子供たちを、一人で指導できるのでなければプロの教師ではないと、私は思っている(今さらこんなことを言うのも恥ずかしいことなのだが……)。

このように私が言うと「そうだ、そうだ」と賛成してくれる人もいるのだが、両者が意味していることはちがうことが多い。

たとえば、十数校の集まる連合運動会の時などに見かける光景がある。

三〇歳前後の元気の良い男の先生が、怒鳴るような号令をかけて、整列させている場面である。時々「オイ！　〇〇！　列が曲がっている」などという注意を与えている。

大変、元気が良い「指導」の場面なのだが、私が言っている指導とは、こういうことを言うのではない。

私は、一〇〇名程度の子供たちを整列させるのに、怒鳴ったなどということはない。

怒鳴って整列させるのは、恥辱であると思っている。いや、大声を張り上げることさえない。そんなことをしなくても、子供たちはちゃんと整列するし、耳を傾けるのである。私の学校の先生方の話し方は、みんなソフトである。朝礼の時、七〇〇名近い子供たちに話しかける時、やわらかく静かに言う。

子供たちは、静かにしっとりとした雰囲気で聞いているのである。怒鳴り散らす教師が一人もいないということは、大変良いことだ。

それだけで、学校全体が落ち着いてくる。一〇〇名余の子供たちを指導するということは、一人一人に、何をしたらいいのかという方向を明示してやれることなのである。

卒業式の「よびかけ」を例にとろう。たとえば次のように始まる。

1　春、三月

2　私たちは、

3　この〇〇小学校を巣立ちます。

全　巣立ちます。

4　はるかに過ぎ去った

5　なつかしい日々が

６　次々と浮かんできます。

一〇〇名の卒業生がいれば、ソロのセリフは一〇〇は用意される。卒業生全員が、何か一言を言うからである。

私も六年生を担任して、このよびかけ指導を何回も担当してきた。

読者は、これをどのように指導されてきたのであろうか。

できれば、ご自分の方法を記録ノートに書き留めて、私の指導方法と比較してほしい。

また記録する余裕がない時は、本書を読みながら立ち止まっては「自分ならこうする」ということをしっかりと確定させてから、次を読みすすめることをお勧めする。

その方が、多くのことを得られるにちがいないからである。

私の経験では、全体でおよそ三回指導すれば十分である。ただし各クラスで、セリフを覚えていることが前提である。

第一回目では次のように言う。

「この体育館でよびかけを言うのです。みんなが卒業するに際しての誓いの言葉でもあります。きりりとはぎれよく言いましょう。

二つだけ注意します。

当日は四〇〇名もの人がいます。参加者の洋服に声がすいとられます。そのため声が小さく聞こえてしまいます。四〇〇名に負けないようによく聞こえるようにしっかりと言いなさい。

もう一つ、声は届くのに時間がかかります。前の人の声が、体育館の隅々まで届いたなと思ってから、次の人は言いなさい。二秒くらいは、かかります。

それでは練習してみましょう」

こうやって練習を始める。初めの五分間ほどは、何回かストップを入れる。よくなるまでやり直す。私が見本を見せる時もある。全体の子供がどうやっていいのかが見えてくる。

「一回、自分のセリフを言ってごらんなさい」

と、全員に最後まで一度言わせてみる。

全員が通しでセリフを言い終えた後、ふつうは次のように言う場合が多い。

「とってもよくできました。でも直したいところが三つあります。それを注意します。

一番目は、声が小さかったことです。これでは、体育館の全員に聞こえません。二番目は、前の人が言った後、次の人の出方が早すぎたことです。三番目は、感情がこもっていない人がいることです。

こういうところに注意してください」

つまり、全体的にほめて、全体的な問題傾向を取り上げて、指導するというやり方である。

私は、このような方法で指導をしない。

(2) どんな指導をしたか

私は次のように指導する。

(全員が通しで言い終えた後)

「これから番号を言います。自分のセリフの番号を言われた人は起立しなさい。

一番、三番、五番、六番……九八番、九九番、一〇一番、一〇五番。

あなた方の声は聞き取れません。もっと大きな声で言いなさい。分かったらすわりなさい。

また番号を言います。言われたら立ちなさい。

二番、三番、七番、九番……。

あなた方のセリフの出方は早すぎるので、前の人の声とだぶっています。もっと遅く出なさい。分かったらすわりなさい。

また番号を言います。言われたら立ちなさい。

九番、一一番、一五番、一六番……。

あなた方のセリフは、切れ目がありません。ひとことひとこと、区切るように言いなさい。

九番言ってごらんなさい。よし合格。

一一番言ってごらんなさい。そうです。合格。

次に番号を言います。言われたら立ちなさい。

四番、八番、一〇番……。（間をおく）

第一回目は合格です。大変上手でした」


最後に立ったグループは、飛び上がって喜ぶ。何を注意されるのかと思っていたのに、断定的にほめられたからである。

このように、誰がよくて誰がわるいのかを、はっきりさせてやることが教育で大切なのである。

しかも、どこがわるくて、どのようにすればいいのかをはっきりさせてやることが大切である。

ここまでで、私は一〇〇名余全員の指導をした。ここが大切なのだが、私がこれだけの指導をするのに要した時間は、三分程度だということである。

個別評定の際に、番号を、ものすごいスピードで言っていく。

もちろん、私は台本に印をつけておいた。第一回目の練習の時、子供たちのセリフを聞きながら全員分の書き込みをしたわけである。だから、ものすごいスピードで言えるのである。

三分程度で終わらせるから、全員の中に緊張が漂っている。

三分程度で、全員に注意を与え、そして次のように言う。

「では、もう一度やります。スタート」

子供たちのセリフは、一回目とは、全くと言っていいほど変化している。大げさに言えば、もう卒業式になっても大丈夫である。「自分一人のことを先生は聞いている」「注意されたところを直さなくては」と、思っているからである。

およそ集団を指導する時は何でも当てはまるのだが、集団全体が段々と崩れていくということはない。集団の中のある部分が崩れて、それが次々と広がっていくのである。

たとえば、合唱の指導をするとしよう。大勢の子供の中に歌わない子もいる。ふざけている子もいる。歌ったふりをしている子もいる。そういう子を、そのままにしておいて、合唱の指導はできない。

歌わない子、歌ったふりをしている子をなくさなくてはならない。そうでないと、そこから合唱は崩れてくる。集団が腐ってくるのである。

逆に、集団の中の崩れを克服した時は、集団のエネルギー、表現力は爆発的に増加する。今まで、とても信じられなかったようなことを実現させるのである。

誤解のないように言っておくが、初めからまとまった集団がよいと言っているのではない。自らの中にある崩れを克服した集団がよいと言っているのである。

「崩れ」というのは、多数に対する異質の部分である。異質の部分は存在して当然なのである。異質の部分が存在してこそ、人間らしいのである。

しかし、「全体で何かをする」時は、その異質の部分を変形させなければならない。

もしその異質性が「成長の遅れ」によるものなら、成長させなければならない。そのためには、今まで以上のエネルギーが必要となる。だからこそ、それを克服した時には、大きな前進が得られるのである。

話をもとに戻そう。全員が注意を受けた後の二回目の練習では、見ちがえるようにすばらしくなる。

二回目が終了した後、私は次のように言う。

「これから番号を言いますから、言われた人は起立しなさい。

一番、二番、三番、四番、六番……九九番、一〇〇番……（およそ九割ほどを言う。最後の番号を言って、三秒ほど黙って、子供たちの顔を見渡す。シーンとして、水を打ったような静けさである。私は大きな声で次のように言う）。

以上の人は、大変すばらしかったです。（そしてたたみかけるように言葉を続ける）

今日の練習を終わります」

「バンザーイ」という大歓声である。こんな時、子供たちは、どんなに嬉しいか、説明をしなくてもいいであろう。

ほめられなかった子は、今日家で、必死に練習するにちがいないのである。

第一回目は、ほとんどの人が注意された。その時は、どうということもなかった。

しかし、二回目は、ほとんどの人がほめられた。それなのに自分たちは、ほめられなかった。これは大事件である。くやしいことである。もっと本気でやればよかったのである。

こういう場面があってもいいと私は思う。くやしく寂しいことだが、納得できることである。しかも、明日はきっとうまくできることなのだ。

だから、子供たちは、家で必死に練習をしてくる。

翌日の練習は、さらに見ちがえるようになる。通しの練習をしてから私が子供たちの前に立つと、本当にシーンという静けさの中で、子供たちは私の言葉を待っている。

私は静かに静かに次のように言う。

「一人残らず、とてもすばらしいよびかけでした。聞いていてジーンと胸があつくなってきました。このままで、練習をしなくても、もう大丈夫だと思います。これだけで立派だと思います」

こうやって、子供たちを見渡す。一人として体を動かす子はいない。

私は、小さな声で、静かに語り続ける。

「だけど、これが最後の授業です。よびかけの練習が最後の授業なのです。だから、今までの学芸会や音楽会と、比べものにならないくらいのものにしてみたいとも思います。このままでもよいのです。だけど、最高のものに近付けたいのです」

そして、声を少し大きくして子供たちに聞く。

「全員に聞きます。この線でいくか、さらに練習するか選びなさい。このままでよいという人。もう一回やりたいという人」

全員が「もっとやりたい」に手を挙げる。自分たちで作った一つの水準を、全員でぶち壊すのである。決意新たに次に向かうのである。

「みんなでやりたいというのなら、もう一度言います。（私は早口で続ける）

これから番号を読む人、立ちなさい。

三番、四番、五番、……

……「春、三月」……このセリフの人に言います。この二つの言葉は続けても読めます。一語一語区切っても読めます。また「三月↘」のように尻下がりに読めますし、「三月↗」のように尻上がりにも読めます。

何通りもやってごらんなさい。あなたにとって、これしかないという言い方を一つだけ選びなさい。自分で選ぶのです。このセリフに一番ぴったりの方法をあなたが作り出すのです」

かくして二度目の練習で。子供たちはまた飛躍するのである。ここまでで三度目を述べる紙幅がなくなった。みなさん方への課題ということにしておこうと思う。大切なことは、すでに書いてある。

(3) 向山式よびかけ指導誕生のきっかけ

私の「卒業式のよびかけ」の指導法は、かなり注目された。追試をする人が多く出た。やってみると「うまくいく」ことが多い。それまでの、捉えどころのない、のっぺりとした指導法と異なるのである。

実は、私は、「卒業式のよびかけ」の指導の時に、この方法を考えついたのである。先輩の先生が指導されていたが、どうも不満であった。どこが不満かと言うと、その先生(女性)は、時々「うるさい!」と怒鳴るのである。なぜ、怒鳴るのかと言えば、子供がうるさいからである。

では、どうして子供はうるさいのか?

それは、教師が一人(だけ)の子供に、くどくどとお説教をするからである。まあ、「指導」と言ってもいい。一〇〇名余の他の子には、関係のないことなのである。

一人ならまだいい。しかし、一人が終わると、その次にというわけで、お説教が延々と続く。他の子は、最初小さく、やがて大きく、おしゃべりをするようになる。うるさくなったのを教師は叱るということになる。

これは、どう考えても教師がわるい。教師の指導が未熟だからである。私なら、個人への指導は、もっと短くやる。おそらく「五秒以内でやる」と思った。

さて、先輩の教師は、全体に対して「注意」を与えているのだが、ちっともよくならない。いや、段々とよくなるのだが、一向によくならない子がいる。およそ二〇パーセントぐらいはいる。

どうして、その子は変わらないのか。

先生の全体への注意は、「自分のことではない」「自分はうまくやっている」「他の人への注意だ」と思っているわけである。だから、教師が、何度全体に注意しても、そのまま変化しなかったのである。ここでのポイントは、その子に「あなたのことですよ」と伝えることなのだ。

この二つを、同時に解決する方法として、私の指導法は作られた。

解説

教師としての姿勢を学ぶ

山口県下関市立楢崎小学校　河田孝文

(1)教師の時間感覚を身につける

「チャイムが鳴ったら授業を終える」

新卒の時読んだこの言葉に衝撃を受けた。

「『チャイムが鳴ったら一分以内に席に着く』というゲームを熱心にやっていた先生は、授業終了のチャイムが鳴っても、熱心に授業をされていた」

この視点で、当時の自分の職場を見渡した。ほとんどのクラスは、チャイムが鳴り終わっても、授業が延々と続いていた。

全ての教師は、子どもに「時間を守れ」という。

学校で最も時間を守っていないのは、教師である。

制限時間があるから、授業を工夫をする。効率よく教えるための組み立てをし、テンポよく授業を進めようとする。

「制限時間を守る」という意識がない教師は、授業を工夫しない。どうでもいい問いをし、子ども達を混乱させる。

「私は、ほとんど、チャイムの途中で授業を打ち切る」

新卒の時、この言葉を読んでいなければ、平然と授業時間を守らない教師となっていただろう。

チャイムが鳴り始めたとき、到達予定内容にほど遠いことは、ザラだった。

しかし、鳴り始めた瞬間、どんなに中途半端でも「終わります」と子どもに宣言していた。

「チャイムが鳴ったら授業を終える」と決めるから、そこに工夫が生まれる。鳴り始めるまでに、内容をすべて終えようと組み立てを考える。言葉を削る。子どもにさせる作業を明確にする。

子供を動かすためには、教師としての姿勢を正さなければならない。

「授業時間を守る」ということは、教師の土台の最も基礎となる部分である。

現在担任している子供たちは、チャイムが鳴り始めるとみんな席に着く。

「席に着きなさい」と言ったことはない。チャイムと同時に授業を始めるからである。

そして、終わりのチャイムが鳴り始めたら片付け始める（もっとも、ほとんどの授業は、チャイムの数分前には授業が終わっている）。

「チャイムで始め、チャイムで終わる」という教師の姿勢が子どもにも習慣化しているからである。

⑵子ども自ら行動を変えさせる

お説教では、子どもの行動は変わらない。事実を示せば、子どもは自ら行動を変える。

全校朝会に子どもをきちんと集合させるエピソードがある。

時間内に運動場に子どもたちを集合させるためには、どうすればいいのか。

集合しなかった子を叱らないで、集合させるようにするためには、何と言えばいいのか。

向山氏の指導はシンプルである。そして、効果絶大である。

七〇〇名の前で、次のように言っている。

「チャイムが鳴り始めた時、校庭にいた人はその場にすわりなさい」

たったこれだけである。この前後の話と出入りを含め、一分二〇秒ほどで話を終えている。

二回目が、四五秒。三回目が三〇秒ちょっと。四回目も三〇秒ちょっと。五回目、六回目も三〇秒ちょっと。

そして、七回目。七〇〇名全員が、すわった。そして、歓声があがった。

全部合計して、たった五分の指導である。事実を示して、子どもに判断させ、その結果に対して、ほんの少しの評価をする。たったこれだけで子どもの行動を変えたのだ。

「叱らずに子どもの行動を変える」「事実を示して子どもに判断させる」

この指導方針もまた、その後の教師人生の重要な指針となっている。

本書を読んでから数年後、私は生徒指導主任となった。

職員会議で、「トイレのスリッパが乱れている」という報告がなされた。

向山氏の指導を追試するチャンスである。

放課後。全ての児童トイレのスリッパの様子をデジカメで撮影した。全校朝会の時、プリントアウトした各階の様子を子どもたちに見せた。高学年女子、男子……と提示する。

最後の一枚は、低学年男子。見せた瞬間、四〇〇人の子ども達が大爆笑した。スリッパが方々に飛び散っていたのだ。

次の全校朝会。同じように写真を見せていった。

もっとも揃っていたのは、低学年の男子トイレだった。

新採時代の混乱――大学では学べなかった子供たちの動かし方

岡山県公立小学校教諭　赤木雅美

「教壇に立つ前にこの三冊だけは絶対に読んでおいた方がいいよ」

採用試験に合格した年の秋、ある先輩から手渡されたのは三冊の教育新書だった。その中の一冊が『子供を動かす法則』（向山洋一著）だった。ちなみに他二冊は『授業の腕をあげる法則』（向山洋一著）と『学級を組織する法則』（向山洋一著）である。

恥ずかしながら、当時の私は、このような教育書を読んだこともなければ、「向山洋一氏」がどのような方なのかを知る由もなかった。

信頼する先輩からの勧めということだけが私の背中を後押しした。すぐに読んでみた。

「な・に・こ・れ！」

衝撃が走った。書いてある内容すべてが斬新で刺激的だった。そもそも、「子供を動かす」ことに法則があるなんて、大学では習ったことがなかったし、採用試験にも出題されなかった。未知の世界の扉を開いたような感覚だった。

読書嫌いだった私が一気読みした。マーカーで線を引いた。赤鉛筆で書き込みをした。

一回では到底理解できず、二回、三回……とくり返し読んだ。春になるころには『子供を動かす法則』は、付箋と書き込みでいっぱいになっていた。

危うく武器を持たずに戦場に行くところだった。この本に出合ってから教壇に立てたことで、私は何とか生き延びることができたのである。

くり返し読み込んで教壇に立ったのだから、平穏な教師生活がスタートしたと思うかもしれないが、実際には真逆である。自転車の乗り方を何百回本で勉強したとしても、決して乗れるようにはならないのと同じだ。本を読んで知っていることと、実際に目の前の子供たちを動かすことでは、全く次元が違っていた。もちろん、原則に則って指示を出すよう、心がけたつもりだ。それでも、新採一年目の学級は、みるみる崩れていった。

初めて教壇に立ったあの日、子供たちは皆、健気でかわいかった。静かに話を聞くことができた。しかし、その静けさは、日が経つに連れ、少しずつ失われていき、遂には「静かにしなさい」という指示さえも通らなくなった。結果、声が枯れ、体力的、いや、精神的にもキツイ日々が続いた。

学級が崩れていった主な要因として、学級内に「しくみ」と「ルール」が存在しなかったことが挙げられる。給食当番一つとっても、待っている人は何をするのか（何をしてはいけないのか）、当番の給食は誰がどのタイミングで準備するのか、配膳は誰が何を担当するのか、配られた給食の量の調整は、おかわりは、そういった細かな「しくみ」と「ルール」が存在しなかった。毎日、その場凌ぎの「適当なルール」で流れていった。その内、一部の子の間で、「適当なルール」が定着し、一見、うまく流れているようにも見えた。しかし、学級内の全員に浸透していないので、いつまで経っても、軌道に乗ることはなかった。

『子供を動かす法則』には、次の記述がある。

決して小さなことではない。どのような「しくみ」を作ろうか、どのような「ルール」をつくろうかと、真剣に考え構想を作らなければならないのである。（中略）

そのような時に、最低、次のことが配慮されなければならない。

A　今までの「ルール」とちがってないか。

B　教師の判断（ルール）の意味が語られているか。

C　学級内の全員に伝えられたか。（中略）

全員に伝えられてこそルールとして作用するのである。

まさにこの視点が抜けていた。本を読んで知っていてもなお、うまくできなかったのである。

以来、向山氏の著書はもちろん、手当たり次第に教育書を読んでは、書いてある通りにやってみるようになった。そして、うまくいかなかった時には、どうしてうまくいかなかったのか、どこが我流だったのかを自分なりに分析するようになった。


著書の中で向山氏は「八割主義でいいと思う」と書いている。私は、この言葉に幾度となく、救われてきた。

学校現場は、日々、真剣勝負である。「きっちりさせなくちゃ！」と思っている私は、いろんなことをついつい詰めすぎてしまう。ある時、向山氏に次のアドバイスをもらって、はっとさせられた。「〝詰める〟ってことは一〇〇パーセント勝とうとしている。七割勝つくらいでちょうどいいんだ」。満点を目指さず力を抜いて、「八割主義」で挑めばよいと知って、気持ちが軽くなった。その方が「致命的な害を避けられる」ことにも納得である。

学芸みらい教育新書 ❷
新版《しんぱん》 子供《こども》を動《うご》かす法則《ほうそく》

2015年8月1日　初版発行
2016年11月20日　第2版発行

著　者　向山洋一
発行者　小島直人

発行所　株式会社学芸みらい社
〒162-0833 東京都新宿区箪笥町31番 箪笥町SKビル
電話番号 03-5227-1266
http://gakugeimirai.com/
E-mail：info@gakugeimirai.com

印刷所・製本所　藤原印刷株式会社

ブックデザイン・本文組版　エディプレッション（吉久隆志・古川美佐）

ISBN978-4-905374-76-3 C3237